AF561343

periplaneta

ROBERT RESCUE: „Diejenigen, die Gegenstände auf die Krokodile werfen, werden aufgefordert, sie zurückzuholen"
1. Auflage, Dezember 2023, Periplaneta Berlin, Edition MundWerk

© 2023 Periplaneta - Verlag und Medien
Inh. Marion Alexa Müller, Bornholmer Str. 81a, 10439 Berlin
www.periplaneta.com

Alle Rechte vorbehalten. Nachdruck, Übersetzung, Vortrag und Übertragung, Vertonung, Verfilmung, Vervielfältigung, Digitalisierung, kommerzielle Verwertung des Inhaltes, gleich welcher Art, auch auszugsweise, nur mit schriftlicher Genehmigung des Verlags.

Die Handlung und alle handelnden Personen sind erfunden. Jegliche Ähnlichkeit mit realen Personen oder Ereignissen wäre rein zufällig.

Lektorat: Marion A. Müller
Cover: Marion A. Müller, unter Verwendung lizenzfreier Vektoren von vecteezy.com (citradesignpro258219, Yuliya Pauliukevich, hendri maulana und Elpremiumo Design)
Autorenbild: https://www.bairbie.me/
Satz & Layout: Thomas Manegold

Made in EU
Gedruckt auf FSC- und PEFC-zertifiziertem Werkdruckpapier

print ISBN: 978-3-95996-270-4
epub ISBN: 978-3-95996-271-1

Robert Rescue

Diejenigen, die Gegenstände auf die Krokodile werfen, werden aufgefordert, sie zurückzuholen

periplaneta

ZUR FALSCHEN ZEIT AM RICHTIGEN ORT

Was wären das für goldene Zeiten für mich gewesen, damals in West-Berlin. West-Berlin, jener Hort von Freiheit, diese Insel der Seligen, umzingelt von Horden freiheitsraubender Sozialisten, Marxisten, Kommunisten, Bolschewiken und anderen. Die West-Berliner gingen nicht arbeiten, weil sie ständig wehrhaft sein mussten angesichts der Attacken der Sozialisten, Marxisten, Kommunisten, Bolschewiken und anderen. Sie hingen den ganzen Tag in ihren Kleingärten herum, blickten in den Himmel und träumten von einem Leben wirklicher Freiheit ohne den Schutz der Alliierten vor den oben erwähnten. Oder sie hingen mit Günther Pfitzmann und den drei Damen vom Grill am Nollendorfplatz herum und stopften sich mit Bockwurst und Senf voll und abends war Halligalli auf dem Ku'damm mit Kotzen in die Rabatten.

Wir in West-Deutschland mussten ja Berlin-Steuer zahlen, und zwar ab der Geburt. Kaum entbunden, stand ein West-Berliner im Kreißsaal und fragte: „Haste mal 'ne Mark?“ So ging das viele Jahre und erst mit dem Fall der Mauer hatte jeder von uns endlich mal genug Geld, um sich was Eigenes zu kaufen.

Die Wiedervereinigung brachte mich jungen Menschen auf die Idee, an dem sagenhaften Reichtum und dem dekadenten Leben der West-Berliner teilhaben zu wollen, also zog ich 1993 dorthin. Meinen mangelhaften Ortskenntnissen war es zu verdanken, dass ich erstmal in Ost-Berlin gelandet bin, das ja an dem Geldsegen nie beteiligt war. Dementsprechend lebte ich zunächst mit Ofenheizung, armen Leuten in der Nachbarschaft und einer kaputten Haustür. Später siedelte ich um in den Wedding, immerhin West-Berlin, aber spätestens ab dem Zeitpunkt wusste ich, dass meine Vorstellung von der Frontstadt eine falsche gewesen ist.

Wäre ich 16 Jahre früher umgezogen, hätte sich mein Traum vom goldenen Berlin erfüllen können, wenn auch nur für vier Jahre. Allein schon die Wohnungssuche hätte sich noch einfacher gestaltet, als es Anfang der 90er-Jahre der Fall war. Jeder Vermieter, jede Wohnungsbaugesellschaft hätte mich 1977 mit Kusshand genommen, wenn ich am Telefon meinen Namen gesagt hätte – und das lag am damaligen Regierenden Bürgermeister, Dietrich Stobbe.

Häh, werden jetzt einige denken, *Dietrich Stobbe und Robert Rescue?*

Ja, mein Name trägt ein Geheimnis, denn es ist nicht mein richtiger. Aber ich heiße nicht Dietrich Stobbe, sondern so ähnlich. Ich hätte bei der Kontaktaufnahme mit einem Vermieter nur ein wenig nuscheln brauchen oder flüstern und schon hätte ich die Wohnung gehabt, auch wenn sich der Vermieter gewundert hätte, dass der vermeintliche Regierende Bürgermeister erst etwa sieben Jahre alt ist und zwei Zimmer mit Ofenheizung sucht.

Auch bei Kontrollen in der U-Bahn wäre ich schadlos davongekommen. Die Kontrolleure damals waren ja alle taub und halbblind, weil die BVG seit den 50er-Jahren Veteranen der Waffen-SS einsetzte, die zwar ehrfurchtgebietend auftreten konnten, aber beim näheren Kontakt waren sie der Aufgabe dann meist nicht gewachsen.

Termine beim Bürgeramt waren damals schon schwer zu bekommen, weil die Berliner Politik gemeinhin Jahrhunderte braucht, um Probleme zu lösen, aber für mich wäre das kein Problem gewesen. Und ich hätte dafür nicht die Handbewegung eines Jedi-Ritter gebraucht, um den Pförtner oder die Sachbearbeiterin davon zu überzeugen, dass ich der Regierende Bürgermeister bin. Möglich, dass es hier und da weiter Verwunderung gegeben hätte, denn wenn es in Berlin eine Person gibt, die nicht zum Bürgeramt muss, dann ist es der Regierende Bürgermeister. Ich hätte dann was von „Bürgernähe“ gemurmelt und auf mein Alter angesprochen geantwortet: „Das hat die Lügenpresse manipuliert!"

Und dann erst die Partys. Nicht die graue Maus in der Küchenecke zu sein, mit der niemand was zu tun haben will. Die Mädchen hätten sich mir an den Hals geworfen und die Jungs Visitenkarten getauscht oder mir Scheiße erzählt, wie toll sie sind und was sie Tolles vorhaben. Also vielleicht nur die Berliner. Zugezogene interessierten sich für Berliner Politik nicht, die konnten sich mit Mühe an ihren heimatlichen Häuptling, was weiß ich, Breckmar Wolfsklaue, der Hohlhodige erinnern und waren nur an Sex, Bier und persönlicher Entfaltung interessiert. Ist doch heute auch nicht anders, oder? Also ja, beides, aber ich meine die Erinnerung an frühere Politiker. Oder kann sich jemand noch an die Namen ehemaliger Regierender Bürgermeister von Berlin erinnern? Klaus Diepgen, Eberhard Wowereit, die kennt doch niemand mehr.

[EXKURS: Den obigen Absatz habe ich geschrieben davon ausgehend, dass mein Alter 1977 das Gleiche sei wie 1993. Das ist natürlich blödsinnig. Genauso wie die Vorstellung, dass ich mit sieben Jahren auf Partys in der Küchenecke stehe und die Mädchen sich mir an den Hals geworfen hätten. Die hätten mich höchstens „süß" gefunden und sich mit den Typen abgegeben, die Visitenkarten tauschten und Scheiße erzählten, wie toll sie sind und was sie Tolles vorhaben. Aber als Beinahe-Bürgermeister hätte ich keinen Kindergeburtstag besucht, außer es wäre Wahlkampf gewesen. EXKURS ENDE]

Spätestens 1981 wäre mein Höhenflug vorbeigewesen. Der Regierende Bürgermeister Dietrich Stobbe stürzte über die sogenannte Garski-Affäre und trat am 15. Januar zurück. Das Datum ist übrigens ein weiteres Indiz für die Seelenverwandtschaft zwischen Dietrich Stobbe und mir, denn das ist mein Geburtstag.

Und mit Stobbe trat der ganze Senat zurück. Huch, steckten die alle mit drin oder geschah das aus einer Art – Moment, ich muss kurz lachen – „politischer Verantwortung"? Wäre heutzutage undenkbar. Da wird ein Staatssekretär geschasst oder die Senatoren ziehen Streichhölzer, wenn der Untergebene partout unschuldig ist. Aber ein ganzer Senat? West-Berlin war echt krass.

Auf jeden Fall war der Name danach verbrannt. Aus und vorbei mit Vermieter-Glück, Kontrolleuren in der U-Bahn, Terminen auf dem Bürgeramt.

Und Berliner ließen sich auf Partys nicht mehr blicken, weil sie ausgestorben waren.

Zwölf Jahre später stieg ein junger Mann aus Rheinland-Pfalz mit Namen Dietrich Fobbe aus dem Zug am Bahnhof Zoo, atmete tief ein und aus, und beschloss, sich die Stadt untertan zu machen.

IN DEN FÄNGEN DER PHYSIOTHERAPIE

„Möchten Sie von einer Frau oder von einem Mann behandelt werden?"

Ich glaubte zu spüren, dass die Antwort auf diese Frage für die Zukunft von großer Bedeutung sein konnte. Sie mochte den Beginn einer lebenslangen Beziehung darstellen, ein jeder Tag voller Freude und Liebe, ein rundum glückliches Leben bis an das Ende unserer Tage. Wäre es angebracht, alles auf eine Karte zu setzen und trotz der Schmerzen ein Lächeln zustandezubringen und zu hauchen: „Wie wäre es mit Ihnen?"

Aber vielleicht würde ich damit alles zunichtemachen, womöglich war es heutzutage nicht erlaubt, so direkt zu sein, vielleicht verscherzte ich es mit ihr, die ohnehin gebeutelt vom Leben war und gehofft hatte, heute einmal von der blöden Anmache eines weißen, alten Mannes verschont zu werden.

„Ein Mann", krächzte ich und verzog vor Schmerzen das Gesicht. Die Antwort widerstrebte mir, denn welcher Mann möchte bei einer Physiotherapie nicht die zarten Hände einer Frau auf seiner Haut spüren?

Sie verzog keine Miene. Was dachte sie über meine Antwort? War sie enttäuscht oder zufrieden?

„Die männlichen Therapeuten sind über Wochen hin ausgebucht. Es gibt nur einen, der noch Termine frei hat, doch den wählen die Patienten nur, wenn sie verzweifelt sind. Die sechs Termine bei ihm übersteht man in der Regel nur mit Folgeschäden. Die meisten wollen eine Frau als Therapeutin, weil sie sich von der zärtlichen Behandlung, von der Kreativität des Handwerks einer Physiotherapeutin Wohlgefühl und Heilung versprechen, was im Übrigen, wenn ich das so sagen darf, auch immer in Erfüllung geht, also zumindest bei mir."

„Ich nehme diesen Mann."

„Warum?“

„Gegenschmerz“, antwortete ich gepresst. „Schmerz mit Schmerz bekämpfen.“

Mag sein, dass das irgendwen auf dieser Welt imponieren mochte, was ich da blödsinnigerweise von mir gab, aber die Frau am Empfang der Physiotherapeuten-Praxis eindeutig nicht. Ihr Gesicht zeigte Enttäuschung.

„Nun gut, dann eben Brutalo Grobianovic. Sechs Termine, jede Woche einen. Ich wünsche Ihnen so etwas wie ... Reue.“

Bis zum ersten Termin hatte ich Zeit, den Therapeuten zu googeln. Er stammte aus Serbien, hatte vor seiner Umschulung zum Physiotherapeuten als Metzger in einer Firma gearbeitet, die sich auf die Zerlegung von Mammuts spezialisiert hatte – und zwar ohne jegliche Verwendung von Werkzeugen, wie sie ausdrücklich auf ihrer Website beschrieben. Man wolle damit den „Jäger und Beute Aspekt, der seit Menschengedenken den natürlichen Prozess zwischen Leben und Tod begleite“ darstellen und überdies sei das „so bearbeitete Fleisch natürlich und frei von ungesunden Behandlungsprozessen“.

Der Therapeut hatte 573 Rezensionen, die zusammen -5 Sterne ergaben. Meine Güte, das war die erste Minus-Sterne-Bewertung, die ich jemals bei Google gesehen hatte. Von den 573 Rezensionen wurden ihm in 534 ein baldiger Tod gewünscht, und zwar so grausam wie seine Behandlungsmethoden.

Mir wurde endgültig klar, dass ich am Empfang einen Fehler gemacht hatte.

Der Mann vor mir war bullig vom Erscheinen. Also „bullig“ nicht im Sinne, wie ich es mir bisher vorgestellt hatte, sondern es musste eine neue Kategorie her. Am ehesten konnte man Brutalo Grobianovic mit dem „Hulk“ vergleichen, nur ohne grüne Haut. Sein Blick war herausfordernd, so als hätte man sämtliche Munition der Welt auf ihn abgefeuert, ein Dutzend

Atombomben gleichzeitig auf ihn geworfen, ihn mit 1.000 LKWs überfahren, so als hätte ihm Dieter Bohlen a cappella einen alten Hit von Modern Talking vorgesungen – und er würde dastehen und lässig fragen, ob das alles wäre, was man aufzubieten hätte.

Ich war sicher, dass die 534 Personen, die ihm auf Google einen baldigen Tod gewünscht hatten, etwas unternommen hatten, um diesen Wunsch Wirklichkeit werden zu lassen und ich war mir ebenso sicher, dass keiner von ihnen jemals wieder eine Rezension auf Google schreiben würde.

„Steigen Sie mal in den Kasten da", forderte er mich auf.

„Der sieht aus wie eine Eiserne Jungfrau", wagte ich den Hinweis.

„Richtig", kam es zurück. „Ich will herausfinden, wie es mit Ihrer Durchblutung bestellt ist. Los jetzt!"

Ich gehorchte und hoffte, dass das nur ein Scherz war, dass er es nicht wagen würde, die Klappe mit den fingerlangen Nägeln zu ...

... RUMMS

„Wie geht es Ihnen?"

„Es hat wehgetan, sehr wehgetan."

„Ach, Sie vertragen einfach nichts. In meiner Heimat steigen alle einmal die Woche in den Kasten, um die Durchblutung zu fördern. Da tut nichts weh. Warum sind Sie hier?"

„Ich habe Schmerzen im Rücken, die in das rechte Bein ausstrahlen."

„Was sind Sie von Beruf?"

„Büroarbeit. So etwas wie Journalist."

Brutalo Grobianovic winkte ab. „Das dachte ich mir schon. So wie Sie sich bewegen, kein Wunder. Bewegen Sie sich?"

„Einkaufen, manchmal eine Runde Fahrrad fahren."

„Pah, aber nichts, was Sie an den Rand Ihrer Leistungsfähigkeit bringt? Wo Sie fühlen, wie sich die Menschen in der Steinzeit gefühlt haben müssen, als sie vor einem Säbelzahntiger weggelaufen sind?“

Ich antwortete nicht, aber ich erkannte, worauf er hinauswollte. Viele waren so wie ich. Verweichlichte Büroarbeiter, die acht bis zwölf Stunden am Tag vor dem Computer saßen, Excel-Tabellen mit Daten füllten, die keinen interessierten, die auf Facebook sinnfreien Quatsch posteten und das „Meinungsäußerung“ nannten und dabei nicht merkten, wie Beine und Rücken allmählich zu Matsch wurden, bis sie sich an den Lehnen abstützen mussten, um überhaupt noch aus dem Bürostuhl hochzukommen.

Ich erkannte, dass ich vor diesem Tag alles hätte unternehmen müssen, um nicht in den Fängen dieses Mannes zu landen. Joggen in den Rehbergen, Situps in der Küche, mit dem Rad bis an den Rand der Welt fahren und zurück – eine akzeptable Mischung aus Sitzen und Bewegung. Ich hätte sogar überlegen müssen, und dieser Gedanke war für mich bislang fürchterlich gewesen, ja, ich hätte mir einen Ruck geben müssen, eine Mitgliedschaft in einem Fitness-Club auf der Müller-Straße zu beantragen, um mit Jackeline und Murat, die sich auf dem Laufband neben mir einen Proteinshake nach dem anderen in den Hals kippten, in den Wettbewerb zu treten.

Ich hätte alles anders machen müssen. Jetzt war es zu spät. Jetzt war ich geliefert.

Nach der ersten Sitzung war ich nach Hause gekrochen und im Flur zusammengebrochen, wo ich drei Tage lang liegenblieb und den Rauchmelder an der Decke anstarrte, weil das das Einzige war, was ich tun konnte.

Zu Beginn des zweiten Termins hielt Grobianovic eine Pump-Gun in den Händen und fordert mich auf, mich mit dem Rücken zu ihm zu stellen. Kurz darauf hörte ich einen Knall und spürte einen leichten Schmerz in den Schultern.

„Es ist, wie ich gedacht habe", hörte ich es kurz darauf von ihm. „Die nächste Baustelle bei Ihnen sind die Schultern. Die Munition ist regelrecht abgeprallt, so verhärtet sind die Muskeln. Wir werden das später angehen, wenn wir mit dem Rücken durch sind."

Da hörte ich es schon wieder. Schon beim ersten Termin war andauernd die Rede davon, „etwas später anzugehen". Wusste er nicht, dass wir nur sechs Termine gemeinsam hatten und ich ihn danach nie wiedersehen wollte? Grobianovic klang danach, als würden wir uns die nächsten Jahre wöchentlich treffen.

Bei Ärzten hörte ich das auch ständig. Der Zahnarzt hatte so viele „Baustellen" gefunden, dass er sich für Jahre Arbeit verschaffte. Früher ist man einmal zu Ärzten gegangen und dann war für lange Zeit Schluss damit. Patientenbindung nennt man das wohl heutzutage. Die verabschiedeten sich auch immer mit „Bis bald" und meinten das auch so.

Als ich lag und die Hände von Grobianovic sich tief in mein Fleisch wühlten, erzählte er: „Ihnen ist sicherlich aufgefallen, dass Sie nach dem Aufstehen Schmerzen in den Beinen haben, die nach einer Weile der Bewegung nachlassen, richtig?"

Ich versuchte, ein „Ja" herauszubringen, aber es wurde nur ein Wimmern.

„Es gibt zwischen den Gelenken so eine Art Schmierstoff, der dafür sorgt, dass der Bewegungsapparat flüssig funktioniert. Mit steigendem Alter wird dieser aber durch die Nachtruhe, also dem Liegen, verfestigt und braucht dann seine Zeit, bis er wieder seinen Normalzustand erreicht hat."

Ich versuchte zu fragen, ob man dies mit Motoröl in Autos vergleichen könne, aber ich bekam nur ein Wimmern zustande.

„Ja, in gewisser Weise verhält es sich gleich."

Ob man nicht das menschliche Schmiermittel wechseln könne so wie Motoröl, wollte ich fragen, aber es wurde nur ein Wimmern.

Brutalo Grobianovic lachte auf. „Noch ist das nicht möglich, aber der Forscherdrang könnte das irgendwann möglich machen. Aber das werden wir verhindern, denn wie Sie sich denken können, würde das uns Physiotherapeuten überflüssig machen. Und das darf natürlich nicht sein."

Nach einer Viertelstunde der Folter stellte der Therapeut die Eieruhr wieder auf 20 Minuten ein. Er holte das Wärmegerät heran und richtete es auf meinen Rücken. Andere Physiotherapeuten würden das Gerät auf eine akzeptable Temperatur einstellen, die dem Patienten das Gefühl gab, von der Wärme gehe eine heilende Wirkung aus. Grobianovic dagegen meinte zu mir, dass es für den Heilungserfolg besser sei, wenn sich der Patient fühle wie ein Hähnchen auf dem Drehspieß eines Dönerladens. Es mussten 500 oder 1.000 Grad sein, die er an dem Gerät einstellte.

Dann verließ er den Raum und widmete sich einem anderen Opfer.

Nach kurzer Zeit merkte ich, wie die Haut am Rücken verbrannte.

Es wäre wohl das Beste gewesen, von der Liege zu hüpfen, zum Empfang zu rennen und sich über die Methoden dieses Unmenschen zu beschweren. Aber ich war sicher, Grobianovic besuchte dann die Leute zuhause und das stellte ich mir schrecklich vor.

Außerdem müsste ich dann gegenüber der Frau am Empfang zugeben, dass ich mich in der Wahl des Therapeuten geirrt hatte. Diese Schmach hielt mich ebenfalls davon ab, aufzugeben.

Beim nächsten Mal wollte ich die 36,14 € Zuzahlung begleichen. Da ich keine Kreditkarte besaß, musste ich bar zahlen. Paypal hätte ich gern benutzt, aber die Praxis kannte kein Paypal. Mein Urologe kannte auch kein Paypal, aber der wusste nicht mal, was eine E-Mail ist. Der kannte nur Fax. Bei der Steuererklärung konnte man keine Anhänge hochladen und die BVG kannte auch kein Paypal, zumindest nicht auf ihrer Website. Mit der

Digitalisierung sah es in Deutschland echt beschissen aus. Es gab Länder, da erledigt man alles ruckzuck mit einer ID-Nummer, vom Arztbesuch bis zur Ummeldung eines Autos.

Die Frau am Empfang der Praxis erklärte mir, dass man montags nicht bar bezahlen könne. Es war natürlich Montag. Warum konnte man montags nicht bar bezahlen? Hatte das medizinische oder religiöse Gründe? Gab es einen Mitarbeiter, der den Schlüssel zur Geldkasse verwahrte und der montags nie da war? Ich hatte den Betrag abgezählt dabei, weil ich instinktiv mit Problemen wie fehlendes Wechselgeld gerechnet hatte, aber nicht damit, dass man am Montag nicht bar bezahlen konnte.

Ich solle beim nächsten Termin zahlen, sagte mir die Frau am Empfang.

Ich war nahe dran, mich zu entschuldigen, dass ich nicht sie als Therapeutin gewählt hatte.

Ich erzählte Grobianovic, dass mir hin und wieder auch die Füße schmerzten. Er schaute sich den Fuß an. „Der Mittelfuß hat so gut wie kein Profil mehr“, sagte er dann. „Der ist hin.“

„Soll ich mir Einlagen besorgen?“

„Können Sie machen, aber das hilft nichts. Sie sollten zum Balkangebirge reisen, in Bulgarien und Serbien. Das sollten Sie vier Wochen lang durchqueren, und zwar barfuß. Und viel beten sollten Sie, und zwar zur Jungfrau Maria. Dann haben Sie wieder Profil auf dem Fuß und fühlen sich wie neugeboren.“

Ich überlegte, zu fragen, ob die Rehberge auch reichten und nur eine Stunde lang. Mehr hielt ich nicht aus. Aber ich ahnte, dass er mich dann wieder in die eiserne Jungfrau stecken würde und von der träumte ich inzwischen schlecht. Stattdessen sagte ich: „Vielleicht sollten die Körperteile austauschbar sein wie bei Maschinen. Wenn sie mit Schrauben oder Ähnliches befestigt wären, müsste das doch einfach sein.“

Grobianovic schaute mich kurz irritiert an und schüttelte dann den Kopf.

Am letzten Sitzungstag ließ er mich wissen: „Glückwunsch, Herr Rescue. Sie haben die sechs Termine bei mir überstanden, das schafft kaum einer. Jetzt sind Sie bereit für die nächste Herausforderung. Ihre Verspannungen sind gelöst, aber nicht verschwunden. Jetzt müssen Therapeuten ran, die über jahrtausendealtes Geheimwissen verfügen und Ihre Probleme mit einem Ausbruch von Gewalt lösen können, den ich nicht aufbringen kann." Er drückte mir eine Visitenkarte in die Hand.

Als ich sie gelesen hatte, fragte ich: „Muss ich da Sex haben?"

„Nein", sagte Grobianovic. „Das ist ein richtiger Laden, ohne den Schweinkram. Räucherstäbchen, Entspannungsmusik und ein kleiner Tisch-Wasserfall. Konzentrieren Sie sich auf den Tisch-Wasserfall, er wird der Rettungsanker sein, damit Sie nicht wahnsinnig werden."

Thai-Massage. Ich kenne einen, der das regelmäßig macht und der ist komisch. Vermutlich hat er sich nicht auf den Tisch-Wasserfall konzentriert.

Ich ahnte, dass mich ein großes Abenteuer erwartete.

Ich hatte Grobianovic überstanden, dann würde ich das auch schaffen.

DAS GRAUEN LAUERT ÜBERALL

Manchmal packt mich die Lust, die Kiezgeschichten in den Boulevardblättern zu lesen. Da findet sich so einiges, was ich in meinem tristen Alltag nie erleben werde. Sei es der Betrunkene in Marzahn, der, bewaffnet mit einem Messer, einen Dönerladen betrat und siebzig Döner zum Mitnehmen forderte. Der Besitzer verjagte den „Kunden" mit einem Dönerspieß. Warum wollte der Dönerwirt den Mann nicht als Kundschaft? Vielleicht überstieg die Bestellung die vom Dönerladen angesetzte Abgabe in haushaltsüblichen Mengen? Oder war er überzeugt, der Betrunkene könne die etwa 210 € nicht bezahlen?

Da wäre dann noch die Geschichte der zwei Jugendfreundinnen, die vierzig Jahre Tür an Tür gelebt und sich erst letzte Woche wiedererkannt haben. Oder der betrunkene Autofahrer, der seinen Wagen im Gleisbett der Straßenbahn versenkte, keinen Weg rausfand und sich entschloss, nach Hause zu laufen und eine Runde zu pennen, bis ihn die Polizei unsanft weckte.

Auch die folgende Geschichte wird mir lange im Gedächtnis bleiben, weil sie zeigt, dass die Widrigkeiten Berlins manche Menschen zur Verzweiflung bringen können.

Zwei Schwestern und eine Freundin, alle drei aus dem Wedding und 41, 27 und 26 Jahre alt, wollen in der Vorweihnachtszeit Plätzchen backen. Von Beruf sind sie Fußpflegerin, Friseuse und Spielhallen-Aufsicht. Das klingt nach typischen Berufen im Wedding und wie Jobs, in denen man keine Karriere machen kann. Handelt es sich um Lebensentwürfe, die von Geburt an durch schwierige Familienverhältnisse und miserable soziale Einbindung zum Scheitern verurteilt sind? Wie hat sich der Leser die drei Frauen vorzustellen, wenn das Boulevard-Blatt sie als Personen, die sich *„nicht die Butter vom Brot nehmen lassen"* bezeichnet?

In einem Supermarkt stoßen die drei eiskalten Amazonen auf den Kaufmann (53) und den Techniker (50). Der Kaufmann und der Techniker gegen die Fußpflegerin, die Friseuse und die Spielhallen-Aufsicht. Das riecht meilenweit nach Stunk. Zugezogene, die auf der Welle von Aufstieg und Wohlstand surfen gegen gebeutelte Ureinwohner, die jeden Cent zweimal umdrehen müssen und vermutlich ein ganzes Jahr auf die Zutaten für das Plätzchenbacken gespart haben. Ist das so etwas Ähnliches wie der Clash of Cultures?

Der Techniker erzählt dem Boulevardblatt: *„Zwei Damen machten sich an den Tiefkühltruhen laut über eine große Geflügelkeule lustig."*

Die beiden Männer haben wohl noch kein Gespür dafür entwickelt, in welchen Situationen es angebracht ist, seinen Wagen weiterzuschieben und das Gesehene schnell zu verdrängen. Sie wissen nicht, dass es Berliner gibt, die an Tiefkühltruhen über die dort gelagerten Produkte Witze machen und es sind nicht wenige. Es ist wichtig für diese Personen, das zu tun. Es bewahrt sie vermutlich davor, Amok zu laufen.

Vielleicht waren die Freundinnen vor dem Einkauf noch einen zwitschern, um sich in Stimmung zu bringen? Einige Berliner machen das, bevor sie ihren Einkauf erledigen. Manche auch währenddessen und danach. Was ist mit der dritten „Dame"? Hat sie beobachtet, dass die beiden Männer mit empörtem Gesichtsausdruck dem Treiben ihrer Freundinnen zugeschaut haben? Erweckte das ihren Zorn? Bahnte sich in diesem Moment der Verdruss über einen schlechten Tag bei den Automaten, den Füßen oder den Haaren seinen Weg?

Der Techniker berichtet: *„Die dritte Dame hing überm Einkaufswagen und schoss auf mich zu. Ich sagte zu meinem Freund: ‚Hat mich der Pferdearsch gerade berührt?' Das muss sie wohl gehört haben."*

Oh nein, der Hintern, die sensible Problemzone jeder Frau. Damit kann Mann bei Frau viel Wut erzeugen, in manchen Fällen auch den Wunsch, jemanden oder zwei zu töten.

Und das alles wegen einer Geflügelkeule in einer Tiefkühltruhe. Selten haben Menschen wegen einer solchen Banalität derart ihr Leben riskiert.

Erst fielen Worte, so das Boulevardblatt. *„Schwuchtel und die ganze Berliner Palette“*, wie einer der beiden Männer aussagt. *Die ganze Berliner Palette*, herrje, die Mädels müssen auf 180 gewesen sein. Nicht eins, zwei, drei Schimpfwörter, sondern eine minutenlange Tirade aus immer ehrloser werdenden Beleidigungen, die in dem Wort „Pinsch“ endete, ein seit dem 16. Jahrhundert ausgestorbenes Schimpfwort, das sonst tief archiviert im Unterbewusstsein des Kollektiv-Gedächtnisses der Berliner Volksseele schlummert.

Die drei Frauen sind einen Moment sprachlos nach diesem Moment des unkontrollierten Wortschwalls, doch nicht Ermattung oder gar Versöhnung treten anschließend ein, sondern pure Lust an der Vernichtung von Leben.

„Das Handy flog runter, die Brille durch die Luft. Die als Pferdearsch Gescholtene grätschte mir ins Knie. Es verlagerte sich ins Obst und Gemüse. Ich lag am Boden, mein Freund blutete am Kopf. Ein Büschel lange, dunkle Haare lag am Boden. Die haben sie mitgenommen.“

Es verlagerte sich ins Obst und Gemüse. Kein Satz kann die Brutalität dieser Auseinandersetzung deutlicher illustrieren. Keine simple Rempelei an Ort und Stelle, sondern der Wille zur augenblicklichen Ausrottung.

Sterben sollst du im Schnittlauch und dorthin werde ich dich prügeln. Und die Wunde am Kopf? Haben die Frauen etwa eine neue Einsatzmöglichkeit der Geflügelkeule entdeckt? Konnte nur der Tod der beiden Männer die Titulierung als „Pferdearsch“ wiedergutmachen? Und nahmen sie die ausgerissenen Haare quasi als „Skalp“ an sich? Oder als Zutat für ihre Plätzchen, um in einem archaisch anmutenden Ritual etwas von den Männern zu verspeisen?

Mitnichten, wie man erleichtert lesen kann. *„Das waren meine, er hatte mir die Extensions ausgerissen!“*, sagt die Friseuse aus. Als

Personal hinzukam, ließen die Frauen von ihren Opfern ab und suchten das Weite. Eine Fleischverkäuferin berichtet: *„Die Herren waren unsere Stammkunden. Ich hatte den Eindruck, den Damen war egal, wen es trifft.“*

Wer weiß, vielleicht griff das Personal erst nach einer halben Stunde des Gemetzels ein, als sie realisierten, dass sie sich gerade der Beihilfe zum Mord schuldig machten. Vielleicht spürten sie, dass sie das Gesehene und auch ihre Mitschuld daran niemals würden verarbeiten können, wenn sie nicht wenigstens versuchten, die Furien von ihrem Tun abzuhalten.

Eine schaurige Vorstellung für die Leser, die dabei doch einen Hauch Schadenfreude empfinden. Dabei kann es so schnell gehen. Ein Gang vor die Tür, der Weg von der Arbeit, ein Schlenker zum Discounter, eine schicksalhafte Begegnung, dann Krankenhaus, Tod oder Gericht.

Die drei Frauen wurden zu einer Geldstrafe von jeweils 500 € verurteilt und erhielten von der Discounterkette ein lebenslanges Hausverbot für alle bestehenden und künftigen Filialen überall auf der Welt und im gesamten Universum.

Traurig dagegen ist das Schicksal der beiden Männer. Sie haben Berlin verlassen, so heißt es am Ende des Artikels, und sind zurück in die Provinz gezogen. Was hatten sie für Träume. Sie wollten die Weltstadt Berlin mit ihren Möglichkeiten und Toleranzen kennenlernen, sich ausleben, lieben und leben, aber die Metropole zeigte ihre hässliche Fratze an der Fleischtheke eines Supermarktes im Wedding. Sie werden Jahre brauchen, um dieses schreckliche Erlebnis zu verarbeiten und es wird ebenso viel Zeit vergehen, ehe sie wieder einen Laden ohne Angst betreten können.

Solche Geschichten lehren vor allem eins – das Grauen lauert überall.

DER KRIEG DER WELTEN

Mir steht der Sinn nach einer dystopischen Serie. Irgendwas mit einer Katastrophe, einer entvölkerten Erde, mit Leichenbergen auf den Straßen, leeren Autobahnen, friedvollen Landschaften mit harmonisch eingebetteten menschlichen Überresten und einer Bedrohung, gegen die sich die Überlebenden zur Wehr setzen müssen. Infrage käme da eine Zombieserie, aber die ist mir in Zeiten von Corona zu realistisch.

Ich stoße auf die amerikanisch-französische Koproduktion „Krieg der Welten“ von 2019, die gefühlt hundertste Verfilmung von H.G. Wells berühmten Roman. Leider ist mir das Ende der literarischen Vorlage schon bekannt und es ist anzunehmen, dass die Drehbuchautoren daran auch nicht rütteln werden – die Außerirdischen stehen vor dem Sieg, wollen diesen auskosten, wagen sich aus dem Schutz ihrer Raumschiffe und werden von irdischen Bakterien dahingerafft, weil ihr Immunsystem daran nicht angepasst ist.

Eine andere Adaption, das von Tim Burton gedrehte Spektakel „Mars Attacks“, bot eine erfrischende Form des Scheiterns der Invasionspläne. Ein furchtbarer Country-Song führte dazu, dass den Aliens die Schädel platzten. Mal sehen, vielleicht haben sich die Macher von „Krieg der Welten 2019“ etwas ähnlich Amüsantes einfallen lassen.

Wenn Europäer, und speziell Franzosen in einer internationalen Koproduktion mitmischen, dann ist vor allem mit einem zu rechnen: Charakterentwicklung, und das raumgreifend über acht Folgen der ersten Staffel. Eine rein amerikanische Produktion, mit atemberaubenden Spezialeffekten und einer Handvoll muskelbepackten Elitekriegern, die oberkörperfrei und mit einem Zahnstocher im Mund die verdammten Aliens zur Hölle schicken, wäre mir lieber.

Die Außerirdischen kommen diesmal nicht vom Mars. Der Mars löst keine Angst mehr aus. Dort lebt niemand, dort gibt es nur Staub, großartige Gebirgspanoramen, und die Mars Rover, die seit Jahren hin und her fahren und ab und zu Selfies von sich machen und zur Erde funken.

Es geht um den Exoplaneten Ross 128 b, etwa elf Lichtjahre entfernt. Der ist vermutlich erdähnlich, vielleicht felsig und hat wahrscheinlich eine Temperaturspanne von -60 bis 20 Grad, also in etwa das Spektrum von Sibirien früher und Wanne-Eickel im Sommer.

Anscheinend ist es dort aber total langweilig, weshalb die Aliens eine aufgefangene „Wir wollen mit euch allen, die das hören können, Freude sein“-Botschaft als Anlass nehmen, die Erde zu besuchen, um sich dort niederzulassen. Was bedeutet, dass die eigentlichen Bewohner weichen sollen.

Geschosse landen überall auf der Erde, mal in Städten, mal mitten auf Äckern und graben sich halb ein. Die Amerikaner ballern mit allem drauf, was sie haben, aber die Hülle ist aus Alien-Stahl und hält stand. Plötzlich wird eine Strahlung ausgelöst, die alle Menschen tötet, die sich auf der Oberfläche befinden, egal ob in Wohnungen, Autos, Äckern oder auf Straßen. Überleben werden nur Omas, die Kartoffeln aus dem Keller holen wollten, Höhlenbewohner und Leute, die a) das Problem geistesgegenwärtig erkennen und sich b) in der Nähe einer Höhle, eines Kellers, eines leeren Tankwagens oder eines Atomschutzbunkers befinden, also summa summarum wenige.

Die Überlebenden bekommen es kurz darauf mit Roboterhunden zu tun, die erstaunlicherweise Spot, dem Roboterköter der Firma *Boston Dynamics*, ähneln. Die Hunde laufen mit so einem blechernen Hydraulik-Geräusch durch die Gegend, beschießen die Überlebenden mit fiesen Schrapnell-Geschossen und wenn diese dann verletzt am Boden liegen, kommt aus dem Roboterhund-Quadratkopf ein Bolzen raus, der sich in die Schädel bohrt.

Der echte Roboterhund Spot von *Boston Dynamics* wird bislang von der Öffentlichkeit gemischt aufgenommen. Die einen finden ihn total süß und sind gespannt, was für tolle, süße Sachen er in Zukunft beherrscht, die anderen sehen in ihm den künftigen Begleiter vom Terminator und sind sicher, dass *Skynet* gerade hochfährt. Wer die Serie „Krieg der Welten" gesehen hat und bislang eine hohe Meinung von der Zukunft der Robotertechnik hatte, wird umschwenken.

Jetzt zu den Überlebenden (Achtung Spoiler):

Da gibt es den Neurowissenschaftler, der zwar von seiner Frau getrennt lebt, die er jedoch aus höchster Not befreit. Diese fragwürdig wirkende „Investition" macht sich aber bezahlt, denn seine Ex-Frau gehört zu den wenigen Überlebenden, die in der Lage sind, einen der Roboterhunde zu killen und das ohne jede Waffenkenntnis. Einfach mit der Knarre draufhalten, bis das Biest zur Hölle fährt, eine lebensnotwendige Handlungsweise, die vielen Charakteren gutgetan hätte.

Auf jeden Fall findet der Neurowissenschaftler bei der anschließenden „Obduktion" heraus, dass die Roboter von einem Gewebe gesteuert werden, also so einer labbrigen, großen Nervenbahn, die aussieht wie eine überdimensionale Zunge. Folgerichtig stellt er fest, dass er die Achillesferse der Viecher gefunden hat und würde diese Information gerne zur weiteren Verwendung jemandem zur Verfügung stellen, zum Beispiel einer Regierung, einer Armee oder einer hochgerüsteten Waffenschmiede, die ratzfatz aus der Nervenzunge eine Art Bio-Terminator züchtet, der die Aliens zur Hölle schickt.

Nur blöd, dass es all das nicht gibt. Stattdessen transportiert er die Überreste des Viechs drei Episoden lang mit einem scheppernden Einkaufswagen durch Stadt und Land, wo bekanntlich die Roboterhunde Jagd auf Menschen machen. Der Zuschauer weiß Bescheid, diese Figur wird die Katastrophe überleben.

Dann gibt es den kleinen Trupp französischer Soldaten und die Astronomin im Observatorium in den französischen Alpen. Die Wissenschaftlerin hat seinerzeit die Botschaft ins All geschickt und ist damit Schuld an der ganzen Scheiße. Die Soldaten haben militärisch nichts drauf, vermutlich Funker oder Pioniere. Die Astronomin hat Probleme mit ihrer drogensüchtigen Schwester, die sie kurz vor dem Strahlungsausbruch noch ins Observatorium lotsen wollte und der Oberst der Truppe steht vor einem Burn-out, weil er zu viel Schreckliches in seiner Laufbahn gesehen hat. Wen interessiert das?!

Aber die Franzosen haben sich gerade erst warmgelaufen und holen jetzt alles aus der Kiste „Charakterentwicklung und wie ich damit jeden Fluss einer Handlung blockiere“ heraus, was sie durch jahrelanges Studium von Arthouse-Filmen von Jean-Jacques Moulinex oder wie auch immer der heißt, gelernt haben.

Dann gibt es den Briten, der in Paris gestrandet ist und nach London will, um nach seiner Familie zu suchen. Die Lage um ihn herum ist hoffnungslos, aber er will trotzdem Hunderte Kilometer durch Frankreich latschen, um anschließend durch den Eurotunnel die Insel zu erreichen, um schließlich ganz London abzusuchen, bis er seine Familie gefunden hat. Eigentlich sollte er sich angesichts der Hoffnungslosigkeit auf die Straße setzen, weinen und auf den Bolzenschuss warten. Er stößt auf seiner Reise auf eine junge Französin und später auf deren Bruder und ihren Sohn. Der Bruder hat sie im Alter von fünfzehn Jahren vergewaltigt und den Inzest-Sohn gezeugt, weshalb sie ein „gespanntes“ Verhältnis zu ihm hat.

Ja, volles Rohr Charakterentwicklung und bloß kein Nachbarschaftsding oder die heiße Braut aus der Dorfkneipe, nein, gleich Inzest.

Schlimm auch, dass der Sohn davon erfährt und dadurch auch ein „gespanntes“, besser gesagt „tödliches“ Verhältnis zu seinem Onkel beziehungsweise Vater entwickelt. Jetzt ist das traute Familienglück endgültig im Arsch.

Der Sohn ist übrigens der einzige Überlebende, der sich an der Oberfläche aufgehalten hat, was zeigt, dass sein verkorkstes Inzest-Leben doch einen Sinn haben mag, zumindest für die Aliens, die offenbar Großes mit ihm vorhaben. Außerdem kann er die Aliens irgendwie hören, zumindest so eine Art „atmendes Brumm-Geräusch“.

Der Inzest-Junge klaut dem Briten ein Familienfoto, weil er von dessen Tochter fasziniert ist, in der er eine Seelenverwandte sieht. Der Brite ist übrigens nur der Stiefvater, was vermuten lässt, dass der Bruder der Französin, also ihr Vergewaltiger, auch irgendwo im Großraum London „aktiv“ gewesen ist. Vermutlich sind alle miteinander verwandt, was dann ausgiebig in Staffel 2 beleuchtet wird.

Leider stellt sich raus, dass die Zukunft des Inzest-Jungen vermutlich doch nicht rosig ausfällt. Der Vater, also sein Onkel, leidet nämlich an Muskelschwund, was er wahrscheinlich vererbt hat. Zumindest lässt die heftige Reaktion der Mutter, die sich bei Gelegenheit in einem verstaubten Medizin-Lexikon über Muskelschwund einliest, darauf schließen und der Zuschauer schlussfolgert aus ihrem entsetzten Gesichtsausdruck, dass sie es bereut, das Kind geboren zu haben.

Wenn nicht gelegentlich mal ein Roboterhund mit seinem nervigen Hydraulik-Geräusch um die Ecke schauen würde, käme man sich vor wie in einem 8-Stunden-Film von Jean-Jacques Michelin oder wie der heißt.

Auftritt des blinden Teenager-Mädchens in London, das die Stieftochter von dem Briten in Frankreich ist. Die hat also überlebt und irrt mit ihrer hysterischen Mutter und ihrem story-technisch unauffälligen Bruder durch London. Sie kann gelegentlich die Aliens irgendwie hören und erlangt dadurch zeitweise ihr Sehvermögen zurück, zumindest in Schwarz-Weiß. Der Zuschauer ahnt: Sie hat das goldene Ticket für die Fortsetzungsstaffel bereits gelöst.

Zu der bunten Truppe gesellt sich ein Krankenhaus-Pfleger, der seine schwangere Freundin im Stich gelassen hat und ein Flüchtling aus Ghana, der auf ein bewegtes Leben als Kindersoldat zurückblicken kann und die Überfahrt von Frankreich nach England in einem leeren Tankwagen geschafft hat.

Gemeinsam laufen sie durch die Straßen von London und das blinde Mädchen und der Flüchtling werden ein Paar. Unterwegs sammeln sie noch den Neurowissenschaftler, der noch immer die Überreste des eliminierten Roboter-Hundes durch die Gegend scheppert und seine Frau ein.

Das Alien-Geräusch, das das blinde Mädchen und der Inzest-Junge hören können, wird immer fordernder.

Das Mädchen wird bei einem Angriff von Roboterhunden auch nicht angegriffen, worüber sich alle wundern, auch die Frau vom Neurowissenschaftler, die es stattdessen erwischt.

Das blinde Mädchen kann die Aliens auch „spüren" und weiß, dass sie Angst vor dem Tod haben. Warum sie zur augenscheinlichen Verdrängung ihrer Furcht eine andere Rasse fast ausgelöscht haben, bleibt ein Rätsel. Auf jeden Fall beschließt das Mädchen, die Aliens zu besuchen, um mit ihnen zu sprechen. Also so genau wird das nicht deutlich bei ihrem „Ich kann sie verstehen und habe Mitleid mit ihnen"-Gebrabbel, aber es ist unwahrscheinlich, dass sie sich eine fette Wumme schnappen und die Aliens zur Hölle schicken wird.

Endlich bekommt man die Hackfressen zu Gesicht, denkt sich der Zuschauer. Am Ende wird man aber enttäuscht. Die sehen genauso aus wie wir, haben aber zum einen Haarausfall und zum anderen offenbar Corona, zumindest der eine, den das blinde Mädchen dann trifft und der an einem Beatmungsgerät hängt.

Wer weiß, vielleicht haben die Macher der Serie den alten Plot von H.G. Wells aufgegriffen und die Aliens sterben doch an Bakterien und/oder Viren? Diese Frage könnte Staffel 2 beantworten, bei der Wucht an Charakterentwicklung und dem Auftreten neuer Figuren und ihrer Probleme wohl erst Staffel 7.

Der übliche Cliffhanger, der die Vorfreude auf die nächste Runde steigern soll: Der oder das Alien und das blinde Mädchen scheinen Kunde beim gleichen Tattoo-Studio zu sein ...

WAS NICHT PASST, WIRD PASSEND GEMACHT

Vor einer Weile ist mein Zahnarzt weggezogen. Von seinem Nachfolger habe ich gehört, er sei in die Schweiz gegangen. Da war ich erstaunt, denn bis dato hatte ich gedacht, als Arzt könne man sich im Wedding keine goldene Nase verdienen, weil die Kunden alle bei gesetzlichen Krankenkassen sind und, aufgrund von Armut, nur Leistungen in Anspruch nehmen können, die einen auf den Beinen halten, aber nicht heilen. Und diese werden den Praxen doch nur schlecht entgeltet. Aber offensichtlich habe ich mich getäuscht.

Der neue Zahnarzt kommt aus Ägypten und ich nenne ihn „Ramses". Als ich das erste Mal bei ihm war, lief arabische Musik. Das fand ich nicht so gut, weil ich mir vorkam wie im Spätkauf oder beim Döner. Ich war der Einzige im Warteraum und dachte mir zweierlei Dinge: Die anderen Kunden sind erbost darüber, dass der deutsche Zahnarzt in die Schweiz gezogen ist, ohne Bescheid zu sagen – oder aber: Die Patienten sind aus Treue mitgezogen.

Der neue Zahnarzt ist eigentlich Kinderzahnarzt und ich muss mich erst daran gewöhnen, dass ich nach jeder Behandlung ein Spielzeug bekomme. Beim ersten Mal musste ich auch so eine Mundspülung machen und da hat er mir was gegeben mit Himbeergeschmack. Aber ich habe es stoisch ertragen.

Mit der Zeit sitzen wieder mehr Patienten im Warteraum und es wird auch keine arabische Musik mehr gespielt. Ich kann mir aber vorstellen, dass manche Leute kein zweites Mal kommen, denn Ramses ist ein körperbetonter Arzt, sprich, der legt mal eine Hand auf die Schulter und das ist man von Ärzten nicht gewöhnt, außer sie müssen die Botschaft überbringen, dass man nur noch drei Monate zu leben hat.

Inzwischen hat sich herausgestellt, dass meine Zähne nicht in dem Zustand sind, wie ich es mir eingeredet habe. 54 Jahre Döner, Pizza, Bier, Wein, Kaffee, Tee und Nikotin haben ihre Spuren hinterlassen. Ein paar Füllungen hielten das Gebiss zusammen, aber zwei, drei Zähne haben Sanierungsbedarf und einer davon benötigt dringend eine Krone, wie Ramses mir riet. Ich habe das so verstanden, dass danach alles gut sei, aber der humorige Ramses hat mir dann zu verstehen gegeben, dass ich nun Stammkunde bei ihm bin und dass es nie vorkomme, dass ein Zahnarzt sagt: „Jetzt ist alles in Ordnung, Sie brauchen meine Praxis nie wieder betreten."

Den Anfang meiner „Krönung" macht eine Silikonmasse, die mit einer Spritze in den Mundraum verteilt wird. Eine Gesundheitsfachkraft oder auch Dentalfachkraft oder auch Zahnarzthelferin oder auch Schwester drückt die Masse mit zwei Fingern auf das Gebiss im Unterkiefer und wartet zwei Minuten, bis sie aushärtet.

Als Patient denkt man währenddessen vor allem über die Frage nach, wie sie den Abdruck dann wieder aus dem Mund herauskriegen. Hat die Dentalfachkraft das schon mal gemacht? Was ist, wenn die Silikonmasse härter ist als das Gebiss? Kommt dann ein Stemmeisen zum Einsatz? Wird der Unterkiefer ausgehebelt? Muss ich damit leben, sabbere fröhlich vor mich hin und beim Vorlesen meiner Texte muss der Zuhörer viel Vorstellungskraft aufwenden, um zu erahnen, was ich da vorlese?

Ich sage es mal so: Die Silikonmasse hat sich am Ende des Aushärtungsprozesses an den Mundraum gewöhnt und will den gar nicht verlassen. Die Entfernung ist mit viel Ziehen und wackeln verbunden und vielleicht wird von Seiten der Dentalfachkraft erwogen, das Stemmeisen einzusetzen. Irgendwann löst sich die Form und man spürt, dass der Unterkiefer nahe dran war, nachzugeben.

„Aus welchem Material soll die Krone sein?“ Ich hätte gedacht, dass man eine solche Frage im Wedding nicht stellt, aber Ramses verrät mir, dass sich viele seiner Kunden Gold wünschen.

Das ist nicht mehr der Wedding, den ich kenne. Das sind bestimmt die Zugezogenen, die irgendwelche Internet-Start-Ups gegründet haben, die sie von ihrer Couch aus lenken und die sich alles leisten können und alle vier Wochen ein halbes Jahr Sabbatical nehmen, weil sie Burn-out haben. Für die ist klar, dass es Gold sein muss. Keramik kann ich mir auch nicht leisten, also nehme ich Metall. Das gute Weddinger Metall, hergestellt in den Rehbergen von den 7 Zwergen aus Moria.

Aber irgendwie sperrt sich mein Gebiss gegen die neue Krone. Erst feilt und fräst Ramses, dann gibt er auf, ruft den Zahntechniker, der feilt, fräst, steckt die Krone immer wieder in meinen Mund, Beißtest, passt nicht, scheiße.

Dann stellt er fest, dass irgendwas überlappt, so eine kleine Ecke, die verhindert, dass der Patient die Krone sofort lieb hat, sondern eher glaubt, man habe ihm einen Kiesel in den Mund gesteckt.

Der Zement, den Ramses benutzt, ist übrigens kein Zement, sondern Spucke. Die Spucke von Kalle Kasulke aus der Liebenwalder 19. Das ist der, der immer mit einer dreißig Jahre alten, ungewaschenen Jogginghose durch den Wedding torkelt und lautstark mit seinem unsichtbaren Freund streitet. Kalle Kasulke hat nie was auf die Reihe gekriegt, aber bei einer Untersuchung bei seinem Hausarzt wurde festgestellt, dass sein Speichel die besthaftenste Substanz ist, die es gibt. Seitdem geht Kalle Kasulke einmal die Woche ins Virchow-Krankenhaus, rotzt einen Eimer voll und kriegt dafür 2.500 €. Davon hat er sich unter anderem einen E-Roller gekauft, mit dem er seitdem unterwegs ist und gezielt alle Passanten um fährt, die seinen Weg kreuzen. Er hat einige Schadensersatzklagen am Hals, aber die steckt er weg, schließlich hat er ja nun Geld wie Heu.

Blöd ist nur, dass jetzt alles im Mundraum nach 40-prozentigem Mirabellenbrand schmeckt, weil Kasulke das literweise trinkt und das Zeug quasi sein Speichel geworden ist.

Zuhause angekommen, betrachte ich den Mundraum im Spiegel. Wenn das so weitergeht mit den Kronen, sehe ich in zehn Jahren aus wie der Beißer aus den James-Bond-Filmen. Ob da eine Filmrolle drin ist? Wenn ich hochrechne, wie viele Bond-Filme in zehn Jahren gedreht werden, könnte das sogar klappen.

DINGE IN MEINER WOHNUNG, MIT DENEN ICH NICHTS MEHR ANFANGEN KANN

1. Der Führerschein

Vor ein paar Jahren hätte ich ihn beinahe weggeschmissen. Er lag in einer Plastiktüte, zusammen mit ein paar anderen nutzlos gewordenen Dingen, und ich wollte erst die ganze Tüte zur Hölle schicken, habe aber dann noch mal nachgeschaut. *Das geht doch nicht*, besann ich mich, *das ist doch dein Führerschein. Der hat bestimmt 2.000, wenn nicht sogar 2.500 Mark gekostet.*

Der Gedanke, wie viel Geld ich seinerzeit in den Sand gesetzt hatte, geht mir seitdem jedes Mal durch den Kopf, wenn ich in der Schreibtischschublade herumwühle und er mir in die Finger gerät.

Verdammter Mist. Hätte ich vorher gewusst, was aus mir einmal wird, hätte ich mir die Fahrstunden sparen können. Aber okay, das ist utopisch. Mit Anfang 20 wusste ich nur, dass ich einen Führerschein brauchte, sonst gehörte ich zu den Verdammten, die Bus und Bahn benutzen mussten, wenn sie aus der Kleinstadt mal raus wollten. Leute ohne Führerschein sind in meiner Heimat im Arsch. Bis 16 Jahre wird man noch mitgenommen oder hingebracht, aber wenn du mit einem Mofa-Führerschein nicht die totale Mobilität einläutest, schauen dich alle schief an. Mofa hatte ich nicht, auch kein Moped.

Mit 22 Jahren wollte ich Journalist werden. Der Chefredakteur der Lokalredaktion machte mir klar, dass es nichts mit der Karriere als rasender Reporter bei der Land-Postille würde, wenn ich nicht unverzüglich zum Dorf XY gelangen konnte, wo gerade eine Scheune abbrannte.

Während des Wehrdienstes bin ich mit dem Zug gefahren und stand morgens um 5 Uhr mutterseelenallein am Bahnsteig. Wenn ich nachmittags zurückkehrte, erwarteten mich ein paar Jugendliche auf Mofas, die mich umkreisten und beschimpften. Angeblich, so hieß es im Ort, würde der Bahnhof nur noch wegen mir betrieben. Es war geplant, ihn abzureißen und eine Großraumdisco hinzubauen, was den Zorn der Jugendlichen erklärte.

Ich habe dann zum Ende des Wehrdienstes die Fahrschule besucht und im Anschluss beschlossen, der Provinz und der brennenden Scheune den Rücken zu kehren und dorthin zu gehen, wo man nicht beim Kennenlernen gefragt wird, welche Automarke man fährt. So gesehen eine blöde Entscheidung.

Ich bin anfangs in Berlin zweimal mit dem Auto gefahren. Jeweils etwa 100 Meter, beide Male betrunken und in beiden Fällen hinter dem Steuer eines Wartburg. Es war nachts, niemand war auf den Straßen im ruhigen Wilmersdorf und beide Fahrten haben mir gezeigt, dass ich nicht zum Autofahren tauge.

Vielleicht hätte ich anders gedacht, wenn es sich in beiden Fällen um ein anderes Auto gehandelt hätte. Als Fahranfänger ausgerechnet einen Wartburg zu fahren, konnte einem das Autofahren ein Leben lang verleiden.

Leider kann man den Führerschein nicht zurückgeben und sein Geld zurückverlangen. Und wegschmeißen geht auch nicht.

2. Die Errungenschaften eines nie begonnenen Arbeitslebens

Im Jahr 2003 begann ich eine Umschulung zum *Microsoft zertifizierten Netzwerkadministrator*. Jeder begann damals eine Umschulung zum *Microsoft zertifizierten Netzwerkadministrator*, also zumindest alle, die Kunden beim Arbeitsamt waren. Computer waren der heiße Scheiß und gesucht wurden Leute, die ein Auge drauf werfen konnten, dass alles irgendwie lief, so mal die sehr grobe Job-Beschreibung. Die Arbeitsämter kamen auf die Idee, dass quasi alle ihre Kunden für diese Arbeit geeignet waren.

Ein Jahr dauerte die Weiterbildung und ich hatte das Glück, bei einem kompetenten Bildungsträger zu landen. Der Dozent war ein Praktiker, der nichts von Kopien und Theorie hielt und das motivierte mich. Ich hatte zu diesem Zeitpunkt schon einige „Kurse" hinter mir, wo bekloppte Dozenten von völlig inkompetenten Bildungsträgern einem die Lebenszeit und jegliche Motivation stahlen.

Ein Zertifikat von Microsoft hatte einen gewissen Stellenwert, der aber verwässert wurde, als nach einem Jahr zirka drölf Millionen frischgebackene Netzwerkadministratoren auf dem ersten Arbeitsmarkt landeten. Aussichten auf einen Job hatten nur die ausgewiesenen Praktiker, die auch mit so linksalternativem, grünversifftem Hackerzeug wie Linux umgehen konnten. Düster sah es dagegen für die Absolventen der Bildungsträger aus, die einem alles über Netzwerke haarklein erzählen konnten, aber an der simplen Aufgabe scheiterten, einen PC einzuschalten.

Microsoft machte es solchen Leuten einfach. Man konnte die Prüfung tatsächlich bestehen, indem man die ganzen Lehrbücher auswendig lernte und mit Trainingsprogrammen übte. Die Prüfung bestand aus Multiple-Choice-Fragen aus einem Pool von etwa 700 Fragen. Man saß an einem Computer und die Prüfungssoftware gab einem danach sofort Bescheid, ob man bestanden hatte. Vorbei die Zeiten, als man eine Woche oder länger warten musste, bis Lehrer Kasulke mit der Strickjacke alle Arbeiten mit seinem Rotstift verschandelt hatte.

Die erste Prüfung zahlte das Arbeitsamt, alle weiteren Versuche man selbst. Ich hörte von Leuten, die zwei oder dreimal durchgefallen waren und einen solchen Ehrgeiz entwickelten, bis sie schließlich blank waren.

Ich habe meine Prüfungen ohne Wiederholungen geschafft, außer die für dieses scheiß Linux. Da gab es keinen Fragenpool, der sich nach den Inhalten aus dem Lehrbuch richtete, und die

Fragen waren kurz vor der Prüfung neu herausgebracht worden. Aus meinem Kurs hat nur einer bestanden, der war auch ziemlich gut und hatte bald einen Job. Auf jeden Fall dürfte sich Microsoft in dieser Zeit eine goldene Nase verdient haben durch den Verkauf der Unterrichtsmaterialien und die Gebühren für die Prüfungen.

Ich war mächtig stolz auf meine insgesamt drei Zertifikate für drei verschiedene Prüfungen, die mehr oder weniger von Bill Gates unterschrieben waren. Ich besorgte mir Glas-Bilderrahmen und hängte sie an die Wände. Stolz zeigte ich sie meinen Gästen.

Eine Anstellung habe ich nicht gefunden, weil ich mich schließlich für die Literatur und das beschwerliche Leben als Kleinkünstler entschied. Kopien der Zertifikate schickte ich die nächsten Jahre an Unternehmen, denn das Arbeitsamt wollte, dass ich mich bewarb. Mit jedem Monat, mit jedem Jahr wurden diese Nachweise unbedeutender, weil ich keinerlei praktische Erfahrung nachweisen konnte. Irgendwann habe ich die Originale dann von den Wänden genommen und in einen Schrank gelegt, zusammen mit den Glasrahmen mit dem Gruppenfoto des Freundeskreises 1986 und dem Abschiedsfoto der Kameraden vom 3. Korps 1992.

Neulich habe ich einen Cartoon mit Zombie-Hasen geschenkt bekommen und wollte den ordentlich an die Wand hängen. *Da muss ich wohl einen neuen Glasrahmen kaufen*, dachte ich, bis mir die Zertifikate einfielen. Eines hat jetzt keinen Rahmen mehr.

Sollte ich irgendwann mal wieder einen Aufräumwahn bekommen, kann es gut sein, dass ich die restlichen Urkunden aus den Rahmen löse, zerkleinere und ins Altpapier gebe. Eigentlich schade wegen des investierten Geldes, aber das Arbeitsamt beziehungsweise Jobcenter wird davon ja nie erfahren. Und wenn doch, werden sie das womöglich gutheißen, um endgültig selbst alle Nachweise unseres gemeinsamen Scheiterns zu beseitigen.

HAPPY END?

Ich habe neulich mal was online bestellt, und mich dabei blöd angestellt. Ich habe eine Software gekauft und nicht gesehen, dass die in einer Box geliefert wird. Das ist heutzutage nicht mehr üblich. In der Regel bekommt man vom Verkäufer eine Mail mit einem Link und einem Code und lädt sich das Programm dann herunter.

Die Box ist so groß wie ein halbes Taschenbuch und hat nicht mehr Inhalt als ein vierseitiges Booklet mit Blabla und einer Pappkarte, auf der ein Code aufgedruckt ist. Man surft dann zu einer Website, gibt den Code ein und lädt das Programm herunter. Die Vorstellung, dass jetzt ein Zusteller diese Box transportiert, wo er den Wagen voll hat mit Waschmaschinen, Tresoren und Wohnzimmer-Wandschränken, ist mir peinlich. Wenn er von dem Inhalt wüsste, könnte ich es verstehen, wenn er an einer Station der BSR hält und das Päckchen dort entsorgt.

Ich habe mich dann beim Paketdienstleister als Kunde registriert. War so ein Reflex, weil man das ja heutzutage auf beinahe jeder Website so macht. E-Mail-Adresse eingeben, dann Bestätigungsmail aus dem SPAM fischen und die Registrierung abschließen. Immer das gleiche Prozedere und meist hat man nach ein paar Tagen vergessen, wo man sich überall schon registriert hat.

Der Paketdienstleister wollte meine Handynummer zur Personenidentifikation. Ungewöhnlich, aber warum nicht? Trotzdem lasse ich das Feld frei. Dann sollen die das beim Amt für Handynummern oder durch einen Blick ins Telefonbuch abklären und mir anschließend eine Mail mit dem üblichen Link schicken.

Zwei Tage später bekomme ich eine Mail mit dem Betreff: „Leider war Ihr POSTIDENT nicht erfolgreich."

Postident? Das ist doch diese verifizierte Online-Identifikation durch Videochat. Habe ich einen Mobilfunkvertrag abgeschlossen oder ein Bankkonto eröffnet? Oder hätte ich für die Sendungsverfolgung meines Mini-Päckchens vor einer Webcam sitzen sollen und ständig sagen müssen: „Ich habe Sie nicht verstanden“ oder „Ja, das ist mein Vorname, das ist mein Nachname, das ist mein Geburtsort und die Körpergröße stimmt auch.“

Ich lese:

Leider konnte Ihre Identität noch nicht verifiziert und Ihre Registrierung deshalb nicht abgeschlossen werden. Damit Sie die exklusiven Vorteile aller unserer Services nutzen können, stellen wir Ihnen in den kommenden Tagen ein kostenfreies Begrüßungspaket zu. Bei der persönlichen Übergabe fragen wir nach Ihrem Personalausweis, um Ihre Identität zu verifizieren.

Um Gottes willen, was soll das denn werden? Habe ich mich bei den Illuminati oder den Bilderbergern registriert? Beim Geheimdienst oder der Armee? Was sind die exklusiven Vorteile? Was das Begrüßungspaket? Was steckt da drin? Eine Briefmarke und ein persönlicher Retourenschein? Und das soll mir ein Zusteller überreichen? Die armen Schweine, unterbezahlt und ausgebeutet, müssen jetzt schon Kundenkonto-Registrierungen an der Wohnungstür vornehmen? Und das bei zehn Millionen Paketen, die sie täglich ausliefern müssen?

Wahrscheinlich sitzt der Paketzusteller im Wagen, macht überall ein Häkchen für die erfolgreiche Personalienfeststellung und schmeißt die Begrüßungspakete in dieselbe Station der BSR, wo meine Software-Box liegt. Ich will kein Kunde mehr bei denen sein. Keine Registrierung, kein Login, keine persönliche Begrüßung. Einfach nur die Ware geliefert bekommen und danach gehen wir getrennte Wege. Also schreibe ich zurück:

Ich möchte von der Registrierung zurücktreten. Das Prozedere um ein nicht abgeschlossenes Postident über meine Handynummer, verbunden mit der Aufforderung, diese an der Wohnungstür abzuschließen, erscheint mir nicht schlüssig, um eine simple Registrierung eines Kundenkontos durchzuführen.

Das ist jetzt nur die Kurzfassung meiner Antwort. Die ausführliche Reaktion an dieser Stelle zu zitieren, könnte empfindliche Gemüter verschrecken. Sie war 27 Sätze länger und ohne jegliche Contenance. Ich habe mich zu Beschreibungen hinreißen lassen, die mit der Verödung von Funktionen primärer Geschlechtsteile zu tun hatte, habe Vergleiche zu historischen Personen und Organisationen vorgenommen, die höchstwahrscheinlich jeder Grundlage entbehren, sowie Familienmitglieder von Personen der Leitungsebene sowie der Person, die die Mail lesen muss, eine berufliche Umorientierung auf das horizontale Gewerbe nahegelegt.

Einen Tag später erfolgt die Antwort:

Guten Tag, vielen Dank für Ihre Nachricht. Es liegt kein Datensatz unter honkytonky_cherrylady@googlemail.com vor.

Was für eine Scheißantwort. Keine Beleidigung zurück oder die Ankündigung, Anwälte auf mich zu hetzen. Viel schlimmer. Eine derart nichtssagende Antwort, dass es eine Verschwendung von Tastaturanschlägen und Arbeitszeit ist, sie überhaupt geschrieben zu haben. Kein Hinweis auf eine Beschreibung des Problems oder ein Weg zu einer Lösung. Keine Entschuldigung, keine Erklärung.

Aber eine Botschaft hat die Mail doch: Die Sache ist erledigt.

Keine Datensätze für meine Mailadresse heißt, keine Bearbeitung eines Registrierungswunsches und damit ein Hauch Arbeit weniger für den Zusteller und sei es, dass er die Postident-Unterlagen jetzt nicht in den Müll schmeißen muss.

Aber es gibt in diesem Text kein Happy End. Zwei Tage später erreichte mich erneut Post vom Paketdienstleister. Inhalt war eine Adress-TAN. Mit dem Hinweis, dass ich mich für die digitale Zustellbenachrichtung entschieden habe und ihnen helfe, Papier zu sparen.

Ich hätte den Brief zusammenknäulen und in die Ecke werfen sollen. Aber nein, ich habe mir gedacht, einmal probiere ich es noch. Es musste doch möglich sein, die Registrierung abzuschließen. Wenn der Service des Paketdienstleisters bis an diese Stelle versagt hatte, so musste doch diese merkwürdige Adress-TAN die Lösung bringen, das letzte Aufbäumen des Unternehmens, die Sache mit meiner Hilfe doch noch zu einem Abschluss zu bringen.

Aber ich konnte das angegebene Menü auf der Website nicht finden. Ich bemerkte, dass ich zu kichern begonnen hatte. Also habe ich sie in die Adresszeile des Browsers getippt. So wie man sich früher ellenlange URL von einem Konzertplakat abgeschrieben hat, um zuhause alles Wissenswerte nachzulesen. Das ist wirklich unterste Schublade des tiefsten Niveaus von Digitalisierung.

Schließlich habe ich den mitgeschickten Code eingegeben und ein Hinweis sagte mir, dass ich eine Mail erhalten werde. *Klappt doch endlich*, dachte ich mir, so soll es doch sein.

Ich schaute ins Mailprogramm, dann im SPAM-Ordner. Keine Mail. Ich wartete fünf Minuten und checkte noch mal alles. Ich wartete eine halbe Stunde und checkte noch mal alles. Dann wurde mir klar, dass die Service-Mitarbeiter im Callcenter unter dem Tisch lagen und sich totlachten. Sie hatten es wieder geschafft, mich zu verarschen.

Zwei Tage später erhielt ich eine Mail von einem superreichen nigerianischen Prinzen:

> Hallo Schnucki, ich habe hier eine Mail bekommen, die eigentlich für dich bestimmt ist. Ist schon verrückt, dieses Internet. Apropos: Finger weg von einer Registrierung bei diesem Paketzusteller. Da wirst du nur verarscht und dein Paket gibt der Knecht sowieso beim Nachbarn, der nur gerade in diesem Moment mal da ist, ab. Habe ich alles schon durchgemacht. Ach, noch was: Ich habe 50 Millionen zu vererben. Willst du?

Ich habe ihm zurückgeschrieben, dass er die Mail löschen und mir die 50 Millionen überweisen soll. IBAN anbei und vielen Dank für die gute Zusammenarbeit.

So hat das Ganze doch noch ein gutes Ende genommen.

ZWÖLF UHR MITTAGS

Warum haben Mobilfunk-Dienstleistungsgeschäfte während des Lockdowns geschlossen? Ich meine, die bieten Waren des täglichen Lebens an, Waren, die für das Überleben des Menschen, gerade in diesen schwierigen Zeiten, von grundlegender Bedeutung sind. Gut, alle Anbieter stellen Dienstleistungen im Internet bereit, aber jeder weiß doch, wohin das führt. Wer sich demütigen lassen will durch ein Callcenter oder einen blöden KI-Chat, der ruft bei der Hotline an oder besucht die Website, und wer was ohne Umschweife wissen und eine zeitnahe Lösung erreichen will, geht in den Shop.

Ich stehe vor dem von P3[1] in der Müllerstraße. Drinnen halten sich drei Personen auf. Einer übt eine beratende Tätigkeit aus, einer schaut zu, einer wird beraten. Ob das erlaubt ist? Ich drücke gegen die Tür. Sie ist zu. An der Tür hängt ein Aushang mit einer Handynummer, die man anrufen soll, wenn man ein Anliegen hat.

Ich überlege, ob ich das machen soll. Was ist, wenn ich in einem Callcenter lande? Ich möchte meinen Vertrag bei P3 kündigen und dazu brauche ich meine persönliche Kundenkennzahl, kurz PKK. Die steht angeblich auf den Vertragsunterlagen, aber da habe ich sie nicht gefunden. Weder links noch rechts oben, weder unten mittig oder auf der Rückseite mit Geheimtinte vermerkt. Alternativ kann man in einen Shop gehen und die PKK gegen Vorlage des Personalausweises erfahren.

Bei Problemen dieser Art zeigt sich der grundlegende Unterschied zwischen Dienstleistung *persönlich* und *web-basiert*. Auf der Website sagen sie gewissermaßen: „Im Erdkern gibt es einen diamantenen Monolith, auf dem die von Ihnen gewünschte Information hinsichtlich Ihrer PKK vermerkt ist. Um dort

1 Name geändert

hinzukommen, müssen Sie sich 6.000 Kilometer tief in die Erde bohren, etwa auf der Höhe von Hawaii, einen 5.000 Grad heißen und 2.200 Kilometer langen See aus geschmolzenem Nickel und Eisen durchschwimmen und final den seelenfressenden Blutgott Umurke im Zweikampf besiegen." Im Shop dagegen heißt es: „Moment, da muss ich im Computer nachschauen."

Dennoch gibt es hinsichtlich des Shop-Besuchs eine weitere Hürde zu nehmen. Der Deutsche liebt Abkürzungen und nutzt diese gerne, so wie CDU, KFZ, KSK, BGB, NSDAP oder auch FKK, HJ und EKG. Aber laut Google Maps ist der Besitzer des P3-Shops ein Türke. Oder vielleicht ein Kurde? Was wird passieren, wenn ich dort Informationen zur PKK erbete? Schmeißen die mich raus oder heißen die mich willkommen als solidarischen Waffenbruder?

Vielleicht sollte ich es doppeltgemoppelt halten, also: „Guten Tag, ich brauche Informationen zur PKK, meiner persönliche Kundenkennzahl."

Ich habe natürlich überlegt, ob ich seinerzeit bei Vertragsabschluss eine geheime PKK gewählt habe, die ich mir nicht notieren muss. Da die PKK vierstellig ist, liegt das Geburtsjahr nahe. Aber was ist, wenn das nicht stimmt? Sagt dann die Datenbank von P3, dass ich mich vertan habe und ich deshalb nie kündigen kann? Was könnte es sonst für ein Code sein? Das Geburtsjahr der Freundin? Glaube nicht. Der Gewinn der letzten Fußball-Weltmeisterschaft? War das 2006? Das Todesjahr von Goethe? Kenne ich nicht und interessiert mich nicht.

Die einzige Zahlenkombination, die ich mir leider hundertprozentig merken kann, ist mir sehr peinlich. Also ich glaube, ich bin nicht der Einzige, der die kennt, und ich bin bestimmt nicht der Einzige, der sich damit unwohl fühlt. Gott sei Dank gibt es nicht viele Gelegenheiten, wo man dieses Wissen offenbart, aber neulich war mal so eine Situation.

Ich war beim Arzt und war gerade dabei, den nächsten Termin auszumachen. Da fragte die Sprechstundenhilfe, ob ich am

20. April könne und da habe ich, wie aus der Pistole geschossen, geantwortet: „An Hitlers Geburtstag? Ja, da kann ich."

Da habe ich mich mal wieder gefragt, warum ich die Geburtstage meiner engsten Verwandten ohne Kalender nicht weiß, aber den vom Gröfaz. Vermutlich habe ich früher zu viel *ZDF History* mit Guido Knopp gesehen oder ich bin ein verkappter Nazi.

Also entweder 1969 oder 2004.

Zurück zum P3 Shop. Ich greife zum Handy und wähle die Nummer. Es klingelt. Die beratende Person löst sich vom Tresen und greift nach einem Handy. Neben mir taucht ein Besoffener auf, rüttelt wie wild an der Tür, schreit herum, dass überhaupt nichts mehr aufhätte, und torkelt von dannen.

„Guten Tag, Robert Rescue mein Name, ich brauche Informationen zur PKK, meine persönliche Kundenkennzahl."

Der Berater legt anderthalb Meter von mir entfernt das Handy auf den Tresen und schaut auf den Computer. Sehr skurril das Ganze. Er nimmt das Handy wieder in die Hand. „Ich sende Ihnen eine SMS mit einem Bestätigungscode. Den nennen Sie mir dann."

Er nimmt den Lockdown sehr ernst, denke ich mir. Er könnte mich kurz reinlassen oder die Tür einen Spalt weit aufmachen, damit ich ihm den Code durchsagen kann. Ich lese die SMS und bin erleichtert – es war doch nicht die anrüchige Ziffernfolge. Ich versuche, mir den Code zu merken. Dann halte ich mir wieder das Handy ans Ohr und sage die vier Zahlen durch.

„Ihr Vertrag muss optimiert werden", sagt der Berater zu mir.

Was soll ich ihm entgegnen? Vielleicht lässt er mich rein und gibt mir einen supergünstigen Vertrag, der keine Wünsche offenlässt? Oder dreht er mir irgendeinen Scheiß an, den ich nicht brauche?

„Ich habe mit P3 noch was anderes zu regeln", erkläre ich schnell. Ich fühle mich wie in einem Western. Zwölf Uhr mittags. Das Aufeinandertreffen vor dem Saloon. Die Straßen sind leergefegt, nur P3 und der Kunde stehen sich gegenüber.

„Okay“, sagt der Berater nur. Vermutlich hat er mich durchschaut. Ich zeige ihm die kalte Schulter. Ich stoße ihn von mir weg. Und das, wo er mir doch geholfen hat, mich gut beraten hat. Aber, so sage ich mir dann, er kann mir doch sowieso nicht helfen. Er darf mich ja nicht reinlassen. Wie will er mich beraten? Weiter am Telefon? Mit Sicherheitsabstand und einer Glasscheibe zwischen uns?

Ich wende mich ab und trotte nach Hause. Auf der Website von P3 kann man eine Kündigung des Vertrags ausführen. Eine Kündigung auf der Website des Anbieters. Das riecht nach einer Falle.

Wenn man früher bei P3 kündigen wollte, ist man persönlich nach Nürnberg gefahren, hat dort 14 Tage erfolglos vor dem Firmensitz gecampt und wurde dann von bayrischen Grenzpolizisten des Landes verwiesen. Oder man hat viel Geld für ein Supi-Dupi-Einschreiben mit Blutunterschrift und Wachssiegel gezahlt, um sicherzustellen, dass P3 nicht behaupten konnte, das Kündigungsschreiben mitsamt Zusteller sei leider von Außerirdischen vom Planeten Gliese 486b entführt worden.

Ich hätte vielleicht doch auf die Kundenberatung im Shop setzen sollen, sage ich mir. Ob mir P3, in Unruhe versetzt durch mein Kündigungsbegehren, einen anderen Tarif anbieten wird? Mir, der ich seit zehn Jahre treuer Kunde bin und nie was Schlechtes über dieses tolle Unternehmen gesagt oder gedacht habe. Ach, diese naiven Träume eines kleinen Mannes, die wohl keine Erfüllung finden werden.

DAS SCHLOSS IN DER WAND

Ein solches befindet sich seit kurzem neben der Haustür. Ein Schloss in der Wand, darauf kann man sich im ersten Moment keinen Reim machen. Vielleicht handelt es sich um eine Art Notfallschloss, falls mal wieder das Schloss der Haustür defekt ist. Das passiert öfter, weil die Hausverwaltung immer Billigschlösser mit Billigschlössern auswechselt und der Schlosser deshalb dreimal im Jahr vor der Tür steht. Wenn das Schloss also in Zukunft kaputtgeht, dann stecken wir den Schlüssel in die Hauswand und irgendeine Hydraulik sprengt die Flügel der Haustür ab. Wie praktisch. Aber ein gutes Türschloss wäre kostengünstiger zu haben gewesen.

Jetzt habe ich mal nachgeschaut. Das Schloss soll tatsächlich als Notfallschloss für Feuerwehr und Polizei dienen. Das soll dazu dienen, dass die Rettungskräfte die Tür nicht gewaltsam öffnen müssen. Also in unserem Fall wäre das wohl besser wegen *Billigschloss*.

Manche dieser Wand-Schlösser sollen mit einer Zahlenkombination geöffnet werden können. Wie merken sich die Rettungskräfte den Code? Stehen die bei einem Brand da und der eine ruft: „Thomas, weißt du noch, wie der Code von der Seestraße 606 war?“ – „Nicht genau. 3456 oder 1234.“ – „Nee, passt beides nicht.“ – „Dann klingel mal bei den Leuten.”

Oder tragen die einen Schlüsselbund mit sich, wie früher die Zeitungsausträger, und verlieren wertvolle Zeit, wenn sie vor der Haustür nach dem passenden Schlüssel suchen?

Ohnehin finde ich es befremdlich, dass ich nicht darüber informiert wurde, dass die Hausverwaltung einfach wildfremden Leuten einen Schlüssel zu unserem Haus gibt.

So, jetzt ist die Geschichte zu Ende. Ich hatte gedacht, dass meine Recherche zu einer unglaublich absurden Erklärung führt, worüber ich eine unterhaltsame Geschichte schreiben könnte. Aber Pustekuchen. Bei manchen Sachen sollte man auf einen Realitätscheck verzichten und seiner Kreativität freien Lauf lassen. Einfach über dieses Schloss in der Wand nachsinnen und sich eine unglaubliche Geschichte ausdenken. Ich könnte ja mal so tun, als hätte ich nicht im Internet nachgeschaut. Einfach mal aufschreiben, was mir als Erstes dazu einfällt:

Hermann Kasulke aus dem Vorderhaus holt den Brief aus der Post:

Sehr geehrter Herr Kasulke, in den nächsten Tagen bekommen Sie Besuch. Bitte öffnen Sie diesem ausnahmsweise die Tür und bewirten Sie ihn nach Ihren Möglichkeiten.

Wir betonen das Wort „ausnahmsweise". Wir weisen darauf hin, dass Sie als Mieter allen Aufforderungen unsererseits demütig nachzukommen haben.

Mit nicht so freundlichen Grüßen,

Ihre Hausverwaltung

PS: Bitte unterlassen Sie künftig Ihre Suizidversuche an dem Baum am Fahrradständer. Dieser trägt Ihr Gewicht nicht und zudem sind Sie damit ein Ärgernis für die übrigen Mieter.

Tage später öffnet er die Tür. Ein mittelalter Mann im Trenchcoat, Ledertasche unter dem Arm steht vor der Tür und nimmt zur Begrüßung einen Hut vom Kopf. „Gestatten, Miller, US-Regierung, darf ich reinkommen?"

Kasulke muss an den Brief der Hausverwaltung denken und nickt. „Wollen Sie was zu trinken?", fragt er seinen Besucher, als sie die Küche erreichen.

„Oh ja", antwortet dieser. „Wenn Sie einen Kaffee haben, gerne."

Kasulke nimmt eine Tasse aus der Spüle und füllt sie mit Wodka. „Ich habe nur geiles Zeug im Haus", erklärt er und stellt die Tasse auf den Tisch.

Der Besuch reagiert nicht darauf, sondern zeigt auf das Fenster zum Hof. „Haben Sie schon gesehen, was dort draußen vor sich geht?"

Kasulke stellt sich neben Herrn Miller. Bauarbeiter graben mit einem Bagger ein tiefes Loch. Über die Hälfte des Hofes hat sich in eine Baustelle verwandelt.

„Was soll das werden?", fragt Kasulke.

„Ein Silo."

„Ein Silo?"

„Die Eigentümer des Hauses", so führt Herr Miller aus, „sind an einer Wertsteigerung der Immobilie interessiert. Über zeitgeistig angepasste Mieten lässt sich das bei der jetzigen politischen Lage, also Inflation und die Diskussion um Enteignung, schlecht realisieren. Deshalb haben die Eigentümer ein Angebot der US-Regierung angenommen, die Fläche im Hof für ein Silo bereitzustellen."

„Was denn für ein Silo?", fragt Kasulke.

„Atomwaffen."

„Atomwaffen?"

„Ja, was sonst? Was haben Sie gedacht? Riesige Sonnenschirme für Gartenpartys im Sommer oder eine ausfahrbare Bewässerungsanlage für die mickrigen Pflanzen da draußen?"

„Und wofür?"

„Wofür? Ist doch klar. Entweder die Bolschewisten oder die Schlitzaugen. Beides Gefahren für den Weltfrieden im 21. Jahrhundert."

„Und warum erzählen Sie mir das?"

„Sie haben Mietschulden, nicht wahr?"

Hermann Kasulke antwortet nicht.

„Die Eigentümer haben sich gedacht, dass sie eine Gegenleistung von Ihnen einfordern können. Sie werden zum Raketensilo-Wart. Keine Sorge, Sie müssen dafür wenig tun. Ich habe hier was für Sie." Herr Miller nimmt aus der Ledertasche ein altes Nokia-Handy und einen Schlüssel. „Sie brauchen Ihrer Aufgabe nur ein einziges Mal nachzugehen. Das ist doch bequem, oder? Eines Tages erhalten Sie über dieses Handy hier eine Freischalt-SMS. Dann nehmen Sie den Schlüssel, gehen an die Haustür und stecken ihn in das Schloss in der Wand. Dann drehen Sie einmal nach links und einmal nach rechts, geben den Zahlencode aus der SMS ein und dann öffnet sich das Silo. Das war's."

„Ich habe gedacht, das Schloss wäre so ein Notfall-Schloss für die Feuerwehr und Polizei. Und was mache ich dann?"

Herr Miller überlegt kurz. „Das bleibt letztlich Ihnen überlassen. Sie könnten einen letzten Spaziergang machen und Ihr Ende auf einer Bank im Park finden. Oder Sie kehren zurück in Ihre Küche, nehmen sich einen Stuhl, setzen sich ans Fenster zum Hof, nehmen einen tiefen Schluck aus der Wodka-Tasse, blicken hinaus und lassen Ihr Leben Revue passieren."

„Und die Mietschulden sind dann getilgt, ja?"

„Richtig", sagt Herr Miller. „Sie sind dann wieder im Reinen. Und denken Sie daran, das Handy alle halbe Jahr mal aufzuladen. Wäre ja blöd, wenn Sie im Falle des Falles nicht erreichbar wären. Ach, bevor ich es vergesse: Die Transporteure der ‚heißen Fracht', wenn Sie verstehen, was ich meine, kommen nächste Woche und klingeln dann bei Ihnen. Wäre nett, wenn Sie denen die Türen zum Hof aufhalten könnten und den Empfang quittieren. Ach, und noch was: Bitte kümmern Sie sich im Herbst und Winter um Laub und Schnee. Das Zeug verträgt sich nicht mit den Öffnungsklappen des Silos."

Nachdem Herr Miller die Wohnung verlassen hat, nimmt Hermann Kasulke das Handy und den Schlüssel und verstaut beide Sachen im Küchenschrank. Den Schlüssel legt er in eine Tasse mit anderen alten Schlüsseln.

Obenauf, damit er ihn gleich findet.

TAGESRECHENSCHAFTEN

Ich muss zugeben, an manchen Tagen kann ich mich nicht dazu aufraffen, einen neuen Text zu beginnen.

Dann muss ich stets an die Worte von Professor Kasulke von der Schreibakademie „Thomas Mann“ denken, an der ich das Schreiben gelernt habe. Der meinte zu dem Thema: „Wenn Sie sich an einem Tag nicht in der Lage fühlen, alles aus sich herauszuholen, um eine überragende Persönlichkeit der Literatur zu werden, wenn Sie an der heroischen Aufgabe scheitern, Ihr literarisches Tagwerk mit dem Ziel der Vervollkommung zu betreiben, dann denken Sie an Thomas Mann. Es verging kein Tag, an dem der große Meister nicht schrieb und es war jeden Tag grandios. Rufen Sie die Musen an, vertreiben Sie düstere Gedanken durch den Einsatz aufputschender Drogen und wenn Sie den Verlockungen der Ablenkung nicht widerstehen können, dann sind Sie Menschenmüll. Nehmen Sie dann einen Strick, gehen in den Wald und kehren Sie nicht wieder.“

Die Zunft der Literaturkritiker, also der Leute, die nicht schreiben, sondern über das Schreiben schreiben, machen sich die Sache leicht, wenn sie Thomas Mann immerzu als das Musterbeispiel des disziplinierten Schreibarbeiters hochleben lassen, dem Ablenkungen und Schwächen fremd gewesen sein sollen und der immerzu „geiles Zeug“ verfasste.

Thomas Mann soll vor 8 Uhr aufgestanden sein, er nahm ein kurzes Frühstück zu sich, schrieb anschließend von 9 bis 12 Uhr und aß dann zu Mittag. Es folgte ein Nickerchen und um 17 Uhr die Teestunde.

Moment, angenommen er aß bis 13 Uhr zu Mittag, dann bedeutet das, dass er sich vier Stunden aufs Ohr gelegt hat. Wow, das ist aber eine lange Siesta. Die Teestunde stelle ich mir so vor, dass er eine Stunde am Fenster saß, am Tee schlürfte, aus dem

Fenster blickte und sinnierte. Gehörte diese Stunde zur kreativen Arbeit? Machte er sich vielleicht Notizen, weil er über das Grundgerüst für seinen nächsten Roman nachdachte? Oder rätselte er die ganze Zeit, was er am Abend zu essen geben würde?

Ab 18 Uhr erledigte er zwei Stunden lang die Korrespondenz. Immerhin saß er nicht da und tippte auf dem Smartphone irre Beleidigungen und Sinnloses, sondern schrieb wohlüberlegte Gedanken an andere hochgestellte Persönlichkeiten. Um 20 Uhr gab es Abendessen, danach Radio, Gespräch oder Musik und vor Mitternacht lag er im Bett.

Mein Tagesablauf sieht in etwa so aus: bis 11 Uhr im Bett liegen, dann abhängen vor dem Computer und mir einreden, dass ich was Sinnvolles tue, wenn ich Artikel lese wie „Straffe Haut durch Zitronenschalen" oder „Für gemütliche Stunden: ein Tee-Adventskalender". Zwischendurch Alkohol, Tabak und Tiefkühlpizza einkaufen. Danach abhängen vor dem Computer und mir einreden, dass ich was Sinnvolles tue, wenn ich auf Facebook einen Suchaufruf nach einem verschwundenen Mädchen mit „Die ist bestimmt schon tot" kommentiere und bei verschwundenen Haustieren schreibe: „Hat gut geschmeckt." Allein die Zeit, sich täglich auf Facebook neue Freunde zu suchen, weil einen die anderen entfreundet haben, nimmt viel Zeit in Anspruch.

Um 20 Uhr Abendessen – da bin ich ganz Thomas Mann. Danach *World of Warcraft* zocken, dann Binge Watching[2] und schließlich zum Runterkommen anderen Leuten beim *Minecraft*-Spielen zuschauen.

Ach ja, hin und wieder finde ich ein paar Minuten, um an einem Text wie diesem zu arbeiten. Vielleicht hätte ich den gleichen Tagesablauf wie Thomas Mann, wenn ich zu seiner Zeit gelebt hätte, denn dreiviertel meiner Gewohnheiten gab es damals nicht.

2 „Serienmarathon" oder – nicht so sportlich konnotiert: „Komaglotzen"

Thomas Mann hat Tagebücher geführt und wie diese deutlich machen, war er in Wahrheit nicht der disziplinierte Schreiber. In diesen Aufzeichnungen hielt Thomas Mann minutiös all die Störungen fest, die die drei nobelpreisprächtigen Schreibstunden des Tages zu einer oder anderthalb zusammenschrumpfen ließen, in denen nicht nur „wenig" oder „leidlich" gearbeitet wurde, sondern auch „fruchtlos", „ergebnislos" oder gar nicht. Das meistbenutzte Wort in Thomas Manns Aufzeichnungen soll das Wort „müde" sein. Hin und wieder soll es zu einer gewissen „Arbeitserwärmung" gekommen sein. „Arbeitserwärmung" – ein tolles Wort. Das kenne ich gut. Ich erwärme mich, aber es entfacht sich nichts und dann kühlt es sich ab.

„Tagesrechenschaften" nannte Thomas Mann seine Aufzeichnungen und das macht deutlich, wie sehr er damit rang, die hocheffiziente Produktivmaschine sein zu wollen und wie er an diesem Anspruch scheiterte.

Ich habe diese Erwartung an meine künstlerische Arbeit inzwischen aufgegeben, und zwar seit Beginn der Corona-Pandemie. Über misslungene Schreibversuche habe ich mich früher auch geärgert, aber jetzt nicht mehr. Nicht unbedingt eine Erkenntnis, eher eine Resignation. Ist doch egal, ob ich schreibe oder nicht. Ist doch eh alles für den Arsch. Wir werden alle an oder mit CoViD-19 sterben. Alf, die Guardians of the Galaxy, Erling Haaland, Superman, Dieter Bohlen, James Bond, Jens Spahn.

Anders als Mann oder andere „große" Kollegen verzichte ich darauf, mein Scheitern auch noch zu dokumentieren. Manche machen das ja, entweder auf Facebook oder auf ihren Blogs. Seitenweises Selbstmitleid, dass sie drei Stunden darüber geschrieben haben, was sie nicht geschrieben haben.

Thomas Mann war auch in dieser Art Literaturverfertigung ein großer Meister. Akkurat beschrieb er, was ihm auf den Sack ging. Der herumbellende Hund, die schlechtgelaunte Haushälterin, der Lärm der Bälger, die nicht willens waren, die abgeschiedene Ruhe des Giganten zu akzeptieren. Mitunter war ihm die

Arbeit an den „Buddenbrooks“ oder dem „Zauberberg“ wohl zu mühselig, so dass er zu vermeintlich „leichteren“ Themen wechselte wie Reflexionen über ein Glas Orangensaft oder Klagen über „ungehörige Darmverhältnisse“.

Wer weiß, vielleicht hat er darüber Kurzgeschichten und Novellen geschrieben? Ein Kindermörder mit Blähungen? Eine Haushälterin, die von der Treppe stürzt oder eine ellenlange Kulturgeschichte des Orangensaftes? Haben die Erben diese Manuskripte dem Feuer übergeben, damit nichts davon der Öffentlichkeit zugänglich und somit der Ruhm der erwähnten Meisterwerke in Mitleidenschaft gezogen werde?

Thomas Mann musste sich ja eigentlich um nichts anderes kümmern als das Schreiben. Seine Familie erledigt den profanen Kram, den so eine menschliche Existenz mit sich brachte. Hausarbeit, Einkaufen, Kindererziehung, Altenpflege, Stalker und Paparazzi verjagen usw. usf. Also alles das, was heute mit dem Begriff „Carearbeit“ bezeichnet wird und die vor allem seine Frau Katia erledigt hat. Auch die Mühen der restlichen Familie sollten nicht unerwähnt bleiben. Die trug ihren Teil dazu bei, dass sich Mann nicht nur ausgiebig mit dem Niedergang einer Lübecker Kaufmannsfamilie oder dem Leben und Sterben in einem Schweizer Sanatorium beschäftigen konnte, sondern auch über den Aggregatzustand von Orangensaft fabulieren durfte oder die körpernahe Aura von Fürzen.

So, jetzt habe ich sogar eine Stunde geschrieben oder besser gesagt, überarbeitet. Das macht den Löwenanteil meiner literarischen Tätigkeit aus. Drei Seiten einfach nur zu „schreiben“, das kann jeder. Damit es aber nicht klingt, als hätte das ein Irrer geschrieben, bedarf es einer gewissen Nacharbeit.

Zur Belohnung mache ich nun das, was zu Manns Zeiten „Radio, Gespräch oder Musik“ genannt wurde.

IN DEN FÄNGEN VON DOKTOR SATAN

Kapitel 1: Die Hinterlassenschaft des Doktor Satan

Ich erinnere mich noch gut daran, wie ich vor zwanzig Jahren in den Wedding gezogen bin. Zuvor hatte mich die Wohnungsbaugesellschaft, beziehungsweise Frau Motzgurke, als Bewerber abgelehnt, weil sie sich nicht vorstellen konnte, wie ich mit der Arbeitslosenhilfe die Miete bezahlen könne und noch genügend übrig bliebe für Lebensmittel.

Komisch, ich hatte geglaubt, im Wedding finde jeder eine Wohnung und das zu einem bezahlbaren Preis. Geklappt hat es dann mit Hilfe eines Kollegen in der Seestraße. Dort stand das halbe Haus leer und ich konnte mir eine Wohnung aussuchen. Als ich mich entschieden hatte, traf ich auf den Hausmeister. Einer von der alten Schule, nix mit *Facility Management*, der mir voller Stolz die von ihm gebaute Dusche in der Küche zeigte. Er war sehr zuvorkommend und diensteifrig. Dass er einen Arztkittel trug und nicht einen Blaumann, schrieb ich dem Wedding und dem, was ich darüber gehört hatte, zu. Der Sockel der Dusche war mit hässlichen grünen Fliesen versehen, aber das Besondere war der Einstieg. Er war nicht bodenerdig, sondern etwa 60 Zentimeter hoch. Man musste sich an der Tür oder der Spüle festhalten und hochwuchten. Nur kurz dachte ich daran, wie ich damit im Greisenalter klarkommen würde. Der Wedding war für mich nur eine Durchgangsstation im Lebenslauf des Wohnens, das Ziel war eine Villa in Frohnau oder Zehlendorf.

Neulich ging in diesem Klotz von Dusche der Abfluss kaputt. Ich hatte im Laufe der Jahre bei anderen Störungen in der Küche Handwerker da gehabt, die nur den Kopf geschüttelt hatten über das Werk des Hausmeisters. Aus ihren Reaktionen leitete ich ab, dass es schier unmöglich sein würde, eine Dichtung oder ein anderweitig beschädigtes Rohr jemals reparieren zu können und von einem Ersatz konnte ich wohl nur träumen.

Ich telefonierte mit einem Handwerker, der zu einer Besichtigung vorbeikam. Wie viele vor ihm schüttelte er den Kopf und fragte, welch Irrer das zu verantworten hatte. Ich erzählte ihm vom Hausmeister mit dem Arztkittel, was eine Reaktion bei ihm auszulösen schien, die ich aber nicht deuten konnte. Er verabschiedete sich und ich glaubte, dass damit die Sache unerledigt war.

Kapitel 2: Der Widersacher

Ein Bungalow in den französischen Alpen. Erbaut im Stil des Brutalismus steht er auf einem Fels oberhalb eines idyllischen Tals. Ein Telefon klingelt.

„Oui?"

„Äh, Hallo, bin ich da richtig bei Monsieur Chateau, dem Fachmann für die Beseitigung von unverhältnismäßigen Konstrukten im Bereich Sanitärhandwerk?"

„Oui."

„Ah, super. Hier spricht Kasulke, Gas-Wasser-Sanitär Kasulke aus Berlin-Marzahn. Ich habe hier über eine Hausverwaltung einen Mieter mit einer defekten Dusche."

„Warten Sie, Monsieur Kasulke. Da ich annehme, dass Sie mich nicht wegen eines ordinären Rohrdefekts konsultieren, habe ich die Ahnung, dass Sie mir etwas erzählen wollen, was meiner Profession entgegenkommt. Sehe ich das richtig?"

„Äh, ich verstehe nicht ganz, aber ja. Ich habe meinen Zunftmeister hinzugezogen und der meint ebenfalls, dass es sich bei der defekten Dusche um ein Werk von Doktor Satan handelt."

„Ah, Monsieur Kasulke. Ich hatte einen schlechten Tag bislang. Schlecht geschlafen, schlecht gefrühstückt, schlecht im Internet gesurft und selbst meine morgendliche Onanie war fade. Ich musste annehmen, einen richtig beschissenen Tag erwischt zu haben, aber jetzt hellt er sich auf, überraschend dreht sich der Wind, die Karten werden neu gemischt. Doktor Satan is in the house. Lange haben meine Augen nichts mehr gesehen, was dieser schlimme Mensch dem ehrenwerten Sanitär-Handwerk angetan hat. Betrachten Sie mich als auf dem Weg."

Kapitel 3: Die Entscheidung

Der Typ im Flur sah nicht aus wie ein Handwerker. Eher wie ein Vertreter mit Anzug und Krawatte. Aber es war ungefähr die vereinbarte Zeit. 13 Uhr hatte der Handwerker am Telefon gemeint und jetzt war es 10 Uhr. Ich hatte längst meine Lektion gelernt, dass Termine, so mit Uhrzeit und so, für Handwerker eher in die Kategorie Small Talk gehörten, dem man nicht viel Bedeutung zumessen durfte. Der Kalendertag und „Je nach Auftragslage", war für Handwerker eine relativ genaue Zeitangabe. Der Mann vor mir verbeugte sich, was auch nicht für einen Handwerker sprach.

„Darf ich mich vorstellen? Monsieur Chateau, Spezialist für schwierige Fälle im Bereich Sanitärhandwerk."

Er wartete eine Reaktion meinerseits nicht ab, sondern wand sich an mir vorbei und ging schnurstracks in die Küche, wo er einen, wie ich glaubte, Schrei der Entzückung ausstieß. „Formidable, ein Meisterstück, das beste, was meine Augen bislang erblicken durften. Hier hat sich Doktor Satan ein Denkmal seiner Bösartigkeit gegen alles und jeden geschaffen."

„Doktor Satan?", fragte ich nach.

„Der Hausmeister mit dem Arztkittel", ergänzte Monsieur Chateau. „Ich bin im Bilde über die Situation. Er wählte oft diese Maskerade des Hausmeisters. Eine ehrenwerte Berufung, in der man keine Arglistigkeit vermuten mag. Bewarb sich bei Hausverwaltungen, verrichtete jahrelang seine Arbeit zur

Zufriedenheit aller, bis das abgrundtiefe Böse in ihm ausbrach. Bisweilen auch früher, je nachdem, wann er den Auftrag bekam, eine Spülkonstruktion oder eine Duschsituation zu ersinnen. Ich nehme an, Sie haben sich beim Einzug nicht viel bei der Dusche gedacht?"

„Nur wenig", sagte ich und zeigte auf den Einstieg. „Ist halt umständlich und mit den Jahren nicht besser geworden."

„Ach", rief Monsieur Chateau, „betrachten Sie das als Art Prolog. Sie haben sicher geahnt, dass es im Falle eines Rohrdefektes nie dazu kommen wird, dass ein ehrbarer Handwerker des Sanitärwesens diese Fliesen aufstemmt oder diese wacklige Spüle nach vorne räumt, um an das Übel heranzukommen?"

„Ja", gab ich zu.

„Er hat nie vorgesehen, dass sie zu reparieren ist. Das ist das Teuflische an Doktor Satan. Seine Arbeit ist handwerklich korrekt, das bezweifelt niemand, aber er scherte sich keinen Deut um eine gewisse ‚Nachhaltigkeit', verstehen Sie? Er wusste bei der Konstruktion, dass spätere Generationen von Handwerkern an dem ‚Ding', wie ich es leider nennen muss, verzweifeln würden. Sie werden keinen finden, der sich der Sache annimmt."

„Vielleicht Doktor Satan selbst?", warf ich ein.

Monsieur Chateau lachte auf. „Er sitzt längst auf dem Thron aus Feuer in der Hölle des Handwerks und, wer weiß, sieht uns beiden gerade zu und amüsiert sich königlich. Er hat Ihnen zugesehen, wie Sie sich täglich in dieses Konstrukt gehievt haben, die Beine schwer, der Rücken krumm und bereits gebeutelt von der Ahnung, wie Sie dastehen werden, wenn nichts mehr geht."

„Und jetzt?"

„Jetzt bin ich hier. Es ist meine heilige Aufgabe, Werke von Doktor Satan überall auf der Welt aufzuspüren und sie ihrer Vernichtung zuzuführen."

„Vernichtung? Moment mal."

Monsieur Chateau holte aus der Jackentasche eine Handgranate, zog den Zünder und legte sie in die Wanne. Dann drängte er mich aus der Wohnung in den Hausflur. Kurz darauf gab es einen lauten Krach und dann sah ich, wie das Treppenhaus vibrierte. Ich sah Risse im Mauerwerk und hörte Schreie. Mieter liefen mit dem, was sie am Leib trugen, an uns vorbei.

Monsieur Chateau zog mich nach draußen in den Hof. „Die kritische Stelle in der Statik des Hauses", erklärte er mir. „Um sein Werk zu zerstören, bedarf es eines größeren Opfers. Das ist der Preis, den Sie und die anderen Bewohner zahlen müssen."

Kapitel 4: Die Zeit danach

Manchmal gehe ich im Wedding spazieren und komme auch in der Seestraße vorbei. Das Haus wurde seinerzeit durch die Wucht der Explosion derart in Mitleidenschaft gezogen, dass es abgerissen werden musste. Der Eigentümer fackelte nicht lange und ließ einen Neubau errichten. Mit entsprechenden Mietpreisen, versteht sich.

Ich bin inzwischen nach Reinickendorf gezogen, der vermutlich letzten Gegend Berlins, wo man noch eine günstige Wohnung bekommt. So günstig wie damals nicht, die Ansprüche sind allgemein gestiegen. Immerhin habe ich jetzt eine vernünftige Dusche, ebenerdig. Und es gibt einen Fahrstuhl im Haus. Die Treppen bis in den 14. Stock hätte ich sonst nicht geschafft.

Ich habe mich bei der Hausverwaltung informiert, ob mal ein Doktor Satan bei ihnen tätig war. Die Antwort war nein, aber meine Nachfrage hätte mich beinahe die Wohnung gekostet. Das erwartet ja keine Mitarbeiterin einer Hausverwaltung, dass sich ein Bewerber bei der Wohnungsbesichtigung nach einem „Doktor Satan" erkundigt. Aber es war ein Handwerker anwesend, der um die Schandtaten des Doktors wusste und die Mitarbeiterin wortreich über meine Nachfrage aufklärte.

DINGE IN MEINER WOHNUNG, MIT DENEN ICH NICHTS MEHR ANFANGEN KANN

3. Die Fußpumpen

Im Schrank in der Küche bewahre ich Müllsäcke, Plastiktüten, meinen Friseur, gesammelte Papptüten von diversen Einkäufen sowie zwei Blasebalg-Fußpumpen auf. Die braucht man unter anderem, um Schlauchboote oder Luftmatratzen mit Luft zu füllen. Die eine Fußpumpe ist von recht guter Qualität, die andere dagegen sieht so aus, als ob man eine Woche braucht, um eine Luftmatratze aufzupumpen.

Bedeutsam ist für mich die Frage: Wie sind die in den Küchenschrank gekommen? Ich hatte nie eine Luftmatratze oder ein Schlauchboot. Ob ich irgendwann mal vorhatte, mit einem Schlauchboot über den Plötzensee zu schippern? Wollte ich dem Betreiber vom Freibad den Mittelfinger zeigen, weil ich es nicht einsehe, Eintritt für die Nutzung des Gewässers zu zahlen? Wollte ich die Nacktbadenden aus sicherer Entfernung mit einem Fernglas beobachten? Oder hatte ich die Idee, mit einer Luftmatratze auf ein Festival zu fahren, um da eine Woche ungeduscht in einem Ein-Personen-Zelt mitten im Schlamm von Bier, Red Bull und Chips zu leben? Ich kann es nicht glauben, aber die Anwesenheit der beiden Blasebalge spricht dafür.

Kann es sein, dass ich mir erst was zum Aufpumpen besorgt habe statt die Dinge, die aufgepumpt werden müssen? Warum? Befindet sich das Schlauchboot und/oder die Luftmatratze in der Wohnung? Nein, meine vier Wände sind überschaubar und im Küchenschrank bin ich auch nicht fündig geworden. Ein Rätsel ohne Lösung. Ich sollte die Fußpumpen im Schrank belassen, bis mir einfällt, warum sie da liegen.

4. Of time stolen from sleep

Im Flur hängt seit 22 Jahren ein Bild. In einem hölzernen Bilderrahmen, entwendet aus dem Keller eines zum Verkauf stehenden Landhotels in Irland. Im Jahr 2000 haben sich dort deutsche, italienische, spanische und irische Künstler getroffen, um im Rahmen eines, in seinen Begleitumständen rätselhaften EU-Projektes sieben Wochen miteinander zu verbringen, um Kunst zu machen.

Die Italiener brachten nur sich mit und es war nicht ersichtlich, dass sie irgendetwas mit Kunst zu tun hatten. Die Spanier bekamen vom Projektleiter ein paar Leinwände – außer Pilar, von der keiner wusste, warum sie dabei war und sie wusste das wahrscheinlich auch nicht. Die Iren waren nur gelegentlich da, schauten fern und tranken Bier. Wir Deutschen nahmen den Anlass ernst und waren mit Laptops angereist, also Laptops von vor zwanzig Jahren.

Das mobile Arbeiten, wie wir es heute kennen, steckte damals noch in den Kinderschuhen. Ich erinnere mich, dass ich einen in Arbeit befindlichen Roman mit dabei hatte. Ich musste das Dokumente in mehrere Dateien teilen, damit WORD es überhaupt laden konnte. Die einzelnen Dateien zu öffnen, dauerte eine Weile und die meiste Zeit in den sieben Wochen ging dafür drauf, in den Seiten zu scrollen und beispielsweise auf Seite 13 von 19 ein Wort zu löschen.

Wir Deutsche hatten es uns im Dachgeschoss eingerichtet und arbeiteten hart, galt es doch, Weltliteratur zu produzieren.

Ich fiel durch mein eulenhaftes Verhalten auf. Nach getaner Arbeit betrat ich gegen 1 Uhr morgens den Fernsehraum, begrüßte die wenigen, die sich dort noch aufhielten, trank zwei Flaschen Wein und schaute irisches Fernsehen. Dafür kam ich auch erst um 12 Uhr aus meinem Zimmer, begrüßte die herumhängenden Lerchen in der Küche mit einem fröhlichen

„Morning“ und setzte mich nach dem Frühstück an den Laptop, den ich dann erst wieder um 1 Uhr verließ.

Das Landhotel lag in der Nähe eines langweiligen Dorfes und wir blieben fast die ganze Zeit im Haus, abgesehen von den Rauchern, die einen Kiosk aufsuchten, um Zigaretten zu kaufen, die teuer waren und scheußlich schmeckten. Die einzige Abwechselung war der gelegentliche Besuch eines Maklers, der interessierte Käufer durch das Gebäude führte und uns als temporäre Kunstaktion bezeichnete. Ich bin sicher, den Keller hat er den Leuten nicht gezeigt, der war nämlich tabu, auch für uns.

Einer der Spanier glich uns Deutschen in seiner Arbeitsmoral. Pablo, so sein Name, ging am ersten Tag in den Keller und kam quasi erst sieben Wochen später wieder heraus, um am Tag der Abreise alle Bilder, die er gemalt hatte, im Hof zu verbrennen. Es handelte sich um einen von vielen Planungsfehlern des Projektes, dass die bildenden Künstler ihre Sachen nicht mit nach Hause nehmen konnten, denn das kostete mit dem Flugzeug Frachtgebühren und die wollte keiner zahlen. Die Italiener hatten die Misere wohl kommen sehen und deshalb auf jegliche künstlerische Produktion verzichtet.

Pablo war ein scheuer Mann, der nur einmal am Tag die Gesellschaft der anderen suchte, nämlich dann, wenn ich alle Anwesenden mit meinem „Morning“ begrüßte.

Am letzten Tag, also dem großen Bildersturm von Pablos temporären Werk, verschonte er ein Bild und schenkte es mir. „Of time stolen from sleep“ zeigte einen viereckigen Filzlappen und diverse hingekritzelte Striche, Kreise und Dreiecke.

Ich habe bis heute nicht verstanden, was es genau bedeuten soll, aber das Problem habe ich bei allen bildenden Künstlern, die Vierecke, Kreise oder einfach nur Striche auf eine Leinwand malen und dann behaupten, das Werk sei fertig.

Aber trotzdem habe ich das Ding mit nach Berlin genommen und seitdem schleppe ich es mit mir herum.

Gelegentlich bleibe ich vor dem Bild stehen und frage mich, ob es wertvoll sein könnte. Signiert ist es mit „Pablo Lolo“ und es ist nicht ausgeschlossen, dass Pablo inzwischen in Spanien, vielleicht sogar in der ganzen Kunstwelt, ein gefeierter Star ist. Vielleicht hat er mal in einem Interview gesagt, dass es aus der Irland-Phase ein erhaltenes Werk gibt, das nicht bei Christie's versteigert wurde, weil es sich im Privatbesitz befindet. Das berühmte „Of time stolen from sleep“, nach dem Kunstliebhaber in aller Welt fahnden und das als verschollen gilt.

Ich würde es ja gerne hergeben, aber ich fürchte, dass dies nie passieren wird. Womöglich hat Pablo ziemlich bald nach der Rückkehr mit der Kunst aufgehört, hat was Anständiges studiert und arbeitet heute als IT-Manager in Madrid. Oder aber er lebt irgendwo in der Provinz, malt schöne Landschaftsbilder und stellt einmal im Jahr im Kundenbereich des Rathauses aus, wo er von den Wartenden missachtet wird.

Manchmal überlege ich, ihn zu googeln, um herauszufinden, was aus ihm geworden ist. Aber womöglich ist er gar nicht unter dem Namen „Pablo Lolo“ zu finden. Dann würde die Suche nach ihm schon zu Beginn scheitern. Oder aber er ist tatsächlich der Landschaftsmaler in der Provinz geworden. Das wäre zwar toll für ihn, aber finanziell würde mir das gar nichts bringen.

Also bleibe ich dabei, mit gelegentlich das Bild anzuschauen und weiter von Millionen aus dem Verkauf zu träumen.

MEMORIES IN THE BOX

Es ist schon eine Weile her, dass ich in der Vorweihnachtszeit beim Besuch einer Apotheke eine Geschenktüte in die Hand gedrückt bekam. Darin fanden sich: Taschentücher, ein Erfrischungstuch, Taschentücher, ein Desinfektionstuch, Taschentücher und ein Taschenkalender.

Tatsächlich, ein Taschenkalender. Was sollte das bedeuten? Ich hatte seit einem Jahrzehnt keinen Taschenkalender mehr geschenkt bekommen. Ich nahm ihn und begutachtete ihn so, als hätte ich nie zuvor so etwas gesehen. War dieses Geschenk eine Art „besinnliche" Botschaft des Innehaltens, des Entschleunigens? Ob ich ihn im nächsten Jahr verwenden sollte? So als Retro-Lifestyle, der andere Leute entweder verwirrte oder beeindruckte? Konnte ich ihn mit meinem Google-Kalender synchronisieren?

Ich ging ins Wohnzimmer und griff aus dem Regal die zwei Aufbewahrungsboxen, in denen ich meine Kalender aus den Jahren 1992 bis etwa 2005 aufbewahrte. Zeugnisse darüber, dass ich in jungen Jahren ein abwechslungsreiches Leben geführt hatte, viele Aktivitäten mit vielen Menschen an vielen Orten. Also anders als heute. Und weil diese Vergangenheit für mich einen besonderen Stellenwert hatte, lagen die Kalender auch nicht verstreut irgendwo rum, sondern verstaut in Plastikboxen, auf dass sie vor Staub und Alterung geschützt waren und nicht meinem Ordnungsdrang zum Opfer fielen.

Es waren immer schwarze Taschenkalender. Mal länglich, mal breit, mal welche mit einem blöden Layout, zu klein, um alle Details einer Verabredung zu vermerken, dann wieder riesig dimensioniert, so dass ein einziger Eintrag über die ganze Seite geschrieben wurde, um den Platz optimal zu nutzen. In manchen Jahren gab es nur einen Kalender geschenkt, in anderen bekam man sie allerorten nachgeschmissen. Was ich nie hatte, waren solche Filofax. Das war was für Geschäftsleute gewesen, so mit Terminen von morgens bis abends und einer Adressverwaltung für Hunderte mehr oder weniger wichtiger Leute.

Manchmal holte ich die Kalender hervor und blätterte sie durch. Ich googelte die Namen von Personen, die die Bühne meines Lebens längst verlassen hatten, und wenn ich was zu ihnen fand, schaute ich zu, was sie heute so machten.

Und immer wieder staunte ich, wie aktiv ich gewesen war. Ich fand kaum Zeit für mich selbst, fast jeden Tag Auftritte, Freundesbesuche oder Plena von irgendwelchen Kulturprojekten, bei denen ich mitmachte. Das lässt mich glauben, dass ich in jungen Jahren alles richtig gemacht habe, so von wegen Lebenshunger, engagiert, offen für neues. Heute sieht das anders aus.

Pandemiebedingt wenig Auftritte und selten mal ein privates Treffen, denn die Zahl der Menschen, mit denen ich mich näher einlasse, hat im Vergleich zu früher nachgelassen – also *deutlich* nachgelassen. Ich habe mal gelesen, dass jeder Mensch ab dreißig seinen Freundeskreis ausdünnt. Das war erleichternd für mich, denn dieses Qualitätsmanagement hatte nichts mit dem mir unbekannten Faktor Familiengründung zu tun. Man wird wählerischer, verändert seine Interessen, man reift und wer nicht mit wächst, verkümmert halt.

Das erinnert mich daran, dass ich vor kurzem meinen „Heimatkumpel" wiedergetroffen habe. Er ist einige Jahre vor mir nach Berlin gekommen und in den ersten Jahren war er ein Richtungsweiser für mich, der mir beigebracht hat, mich in dieser großen Stadt zu orientieren. Nach ein paar Jahren, etwa 1999, habe ich den Kontakt abgebrochen. Ich habe ihn immer mal gegoogelt und neulich ergab sich eine Möglichkeit, mit ihm Kontakt aufzunehmen. Wir haben uns dann in einem Park im Wedding getroffen und ich habe mir vorher ein wenig Sorgen gemacht, ob wir uns etwas zu sagen haben. Aber hey, nach 22

Jahren sollte man zumindest einen Abend rumkriegen, ohne dass es still wird.

Es lief alles gut, wir werden uns wiedersehen. Ich habe ihn an dem Abend gefragt, warum ich den Kontakt damals abgebrochen habe, denn ich konnte mich nicht an den Grund erinnern. Er erzählte mir, dass ich einmal an einem feuchtfröhlichen Abend ihm und einem damaligen Kumpel verkündet habe, dass ich keine Entwicklung mehr bei ihnen sehe, dass die beiden immer das Gleiche machten und ich noch Ziele im Leben hätte.

Ich habe gelacht, als er mir das erzählt hat. Ich habe in dem Moment mein damaliges Ich mit dem Heutigen verglichen und, na ja, das fand ich dann komisch.

Das Traurige beim Betrachten der alten Kalender ist der Umgang mit dem Todestag meiner Mutter. Ich habe mir im Kalender 2001 an dem Tag eingetragen: „Gedenken Todestag". Darunter findet sich aber ein Termin. Das Gleiche im nächsten Jahr, dann aber mit drei Ausrufezeichen und darunter stand wieder ein Termin. Ich war wohl ein gefragter Mensch, aber konnten die anderen mich nicht einen Tag im Jahr in Ruhe lassen – oder anders gesagt, ich mich selbst in Ruhe lassen? Im Jahr darauf habe ich „freihalten" notiert und es scheint 2003 auch geklappt zu haben. Aber im kommenden Jahr steht wieder „Gedenken" da und darunter ein Termin. Erstaunlich, wie ich beim Übertrag von altem zum neuen Kalender mit Kringel, Pfeilen und Ausrufezeichen versucht habe, diesen Tag zu einem besonderen zu machen und er dann doch zu einem gewöhnlichen wurde.

Das geht bis heute so. Ich schaffe es für zwei Minuten, mich vom Monitor abzuwenden und aus dem Fenster zu schauen oder auf die Korkwand, wo noch immer ein Foto und die Traueranzeige hängen.

Doch jedes Mal muss ich um eine Art innere Einkehr kämpfen, ständig verlangen Gedanken an Erledigungen und Ablenkungen wie soziale Netzwerke ihre Aufmerksamkeit, der David der Innenschau ringt mit dem Goliath des Hier und Jetzt und verliert. Ich könnte den Termin aus dem Google-Kalender löschen, aber ein schlechtes Gewissen würde mich dennoch Jahr für Jahr daran erinnern.

Ich klappe den Kalender 2005 zu und lege ich ihn zu den anderen in die Box. Den neuen Kalender lege ich obenauf. Eigentlich sinnlos, aber ich bringe es nicht übers Herz, ihn wegzuschmeißen. Dann gehe ich ins Arbeitszimmer und setze mich an den Computer. Ein paar Namen will ich googeln, mal schauen, ob ich was Neues erfahre.

DER UNERREICHBARE SCHATZ

Ich gehe in die Küche, stelle eine Kerze auf die Waschmaschine, zünde sie an, trete einen Schritt zurück und überlege einen Moment, bevor ich beginne: „Lieber Leonidas 1, es fällt mir nicht leicht, dir das Folgende zu sagen: Wir haben zehn gemeinsame Jahre zusammen verbracht, zehn Jahre, die zu den wertvollsten meines Lebens gehören. Du hast mir eine sehr wichtige Arbeit abgenommen und stets die Wäsche zu meinem Wohlgeruch gewaschen. Doch inzwischen nagt der Zahn der Zeit an dir. Das eine Scharnier an der Tür ist defekt, es ist regelrecht zerbröselt in der Plastikhalterung. Und du weißt, eine Reparatur bei irgendeiner zwielichtigen Werkstatt kostet annähernd so viel wie eine neue. Ab heute gehst du daher in Rente. Was deine Zukunft angeht, kann ich dir nicht sagen, was sie bringen wird. Aber ich wünsche dir alles Beste und weiterhin gute Arbeit im Dienste der sauberen Wäsche."

Ich blase die Kerze aus, packe sie weg und setze mich im Arbeitszimmer an den Schreibtisch. Live-Tracking ist schon eine tolle Sache. Auf Google Maps verfolgen zu können, wo sich die Spedition gerade aufhält und die eigenen Aktivitäten entsprechend zu planen, ja, das gefällt mir.

Als der eine Mitarbeiter vorhin anrief, um mitzuteilen, dass sie in einer halben Stunde bei mir seien, wollte ich schon antworten: „Ach, das weiß ich doch. Ich verfolge Ihre Route durch den Wedding schon seit zwei Stunden und weiß, dass nur noch ein Kunde vor mir dran ist und sich Sie sich gerade 2.000 Meter von mir entfernt befinden."

Aber ich habe es dann doch nicht gemacht. Vielleicht würden sie das als eine Art Überwachung auffassen. Durch einen Chef wäre das ja noch akzeptabel, aber durch einen Kunden? Vielleicht wissen die von dem Service gar nichts? Stattdessen habe ich das geantwortet, was Waschmaschinen-Bringdienst-Mitarbeiter seit Jahrzehnten täglich hören: „Ah, okay, dann weiß ich Bescheid."

Ich greife nach dem Zollstock und klappe ihn auseinander. Exakt zwei Meter. So viel Sicherheitsabstand verlangt die Spedition bei der Anlieferung. Können sie haben, kein Problem.

Es klingelt. Ich ziehe die Maske über und öffne die Tür. Vor mir stehen zwei Personen in Schutzanzügen. Schutzanzügen, wie ich sie aus Katastrophenfilmen kenne. Also nicht die Überzüge aus den Teststationen, sondern so gelbe Dinger, wo sogar ein Radioaktivität-Zeichen zu erkennen ist. Die Sauerstoffmasken finde ich auch übertrieben. Der eine sitzt auf der Treppenstufe und keucht. Hat der Arme die Waschmaschine nach oben getragen? Haben die keine Sackkarre?

„Haben Sie einen Impfnachweis oder haben Sie überlebt?", fragt mich der andere, der scheinbar der Chef-Mitarbeiter ist. Er tritt einen Schritt auf mich zu.

Ich fahre den Zollstock aus und dränge ihn damit zurück. „Abstand", rufe ich. „Halten Sie den Abstand ein, um Gottes Willen!" Ich halte mein Telefon hoch. „Impf-App", sage ich.

„Werfen Sie es mir zu", fordert mich der Chef-Mitarbeiter auf. Es fällt auf den Boden, er hebt es auf, holt aus der Tasche ein Desinfektionsspray und sprüht zehnmal auf das Display. Unnötig, wie ich finde. Ich hatte es vor einer halben Stunde bereits zwanzigmal eingesprüht. „Wo ist die App?", ruft er.

„Zweiter Bildschirm oben rechts, zwischen *Candy Crush* und *Pornhub Mobile*", antworte ich. Kurz darauf wirft er mir das Telefon wieder rüber und tritt einen Schritt nach vorne. Ich weiche einen Schritt zurück und halte das Ende des Zollstocks an seinen Bauch. Schritt für Schritt bewegen wir uns, bis er in die Küche einbiegt. Ich folge ihm, aber der Abstand verkürzt sich. Ich klettere über den Kühlschrank, dann über den Küchentisch und halte den Zollstock in seine Richtung wie einen Speer. Verdammt, das sind weniger als zwei Meter.

„So geht das nicht", ruft der Chef-Mitarbeiter. „Wenn Sie den Abstand nicht einhalten, dann stellen wir die Maschine ab und gehen wieder."

„Auf gar keinen Fall!", rufe ich. „Ich muss Ihre Montagetätigkeit beaufsichtigen, um etwaige Fehlleistungen Ihrerseits zu erkennen und zu reklamieren. Außerdem muss ich, wenn Sie Leonidas 1 entfernen, nach dem 100-Euro-Schein schauen, der mir vor einer Weile dort abhanden gekommen ist."

Tatsächlich eine wichtige Aufgabe. Kurz nachdem Leonidas 1 seine Arbeit begonnen hatte, war mir ein 100-Euro-Schein aus der Brieftasche entfleucht und unglücklicherweise unter die Waschmaschine gesegelt. Weder mit einem Spachtel noch mit einem Staubsauger war ich des Scheins habhaft geworden und einen Nachbarn fragen, ob er die Maschine mal kurz anheben konnte, wollte ich nicht, aus Angst, er würde behaupten, da sei kein Schein und würde ihn sich einstecken.

„Verlassen Sie augenblicklich die Küche", höre ich es von dem Chef-Mitarbeiter. „Die Ansteckungsgefahr ist zu groß. Nehmen Sie Vernunft an, guter Mann, oder wollen Sie, dass wir alle hier sterben?"

Ich füge mich, trete den Rückzug an und drücke mich an die Wand gegenüber von der Küchentür. 84 Zentimeter bis zur Tür, dann noch mal 1,35 Meter bis zur Position zum Chef-Mitarbeiter. Der Kollege sitzt noch immer auf der Treppe und schnappt nach Luft. Vermutlich hat er die Arschkarte und ist für den Transport von Leonidas 1 zuständig.

„Den neuen Zuflussschlauch können Sie nicht verwenden, wenn die Maschine hier stehen soll", informiert mich der Chef-Mitarbeiter. „Der ist zu kurz."

„Verdammt, das Gleiche hat der Mitarbeiter damals bei Leonidas 1 auch gesagt. Der Schlauch ist noch von dem Vorgänger,

Karl-Otto. Warum, zum Teufel, bauen die Hersteller keine längeren Schläuche?"

Mein Gegenüber überlegt kurz und antwortet dann: „Weil 95% der Küchen in Deutschland so gebaut sind, dass die Entfernung zwischen Standort der Maschine und Wasserhahn 1,2 Meter beträgt."

„Echt?", frage ich zurück. Ich sperre mich zwar etwas, aber seine Antwort klingt schlüssig.

„Wir könnten die direkt an Ihre Spüle ranbauen, aber dann kommen Sie nicht mehr an die linke Seite vom Unterschrank ran."

„Das geht nicht", rufe ich. „Auf der linken Seite befinden sich der Bodenreiniger, der Essigreiniger gegen Kalk und das Holz-Spray. Das sind häufig benutzte Gebrauchsmittel. Der Zugang zu ihnen muss unbedingt gewährleistet sein, um notwendige Reinigungsarbeiten ordnungsgemäß durchführen zu können."

„Okay, dann bauen wir den alten Schlauch ran."

„Ja, ist besser so", bestätige ich. „Vielleicht sind die 1,2 Meter Schläuche auch von minderer Qualität. Dann lieber das Erprobte von Karl-Otto nehmen. Karl-Otto, möge er friedlich ruhen im Waschmaschinen-Himmel."

Die ganze Prozedur zerrt an meinen Nerven. Vor allem, dass sich Menschen in meiner Wohnung aufhalten, macht mich irre. Das hatte ich seit Beginn der Pandemie nicht mehr.

Als die beiden Waschmaschinen-Bringdienst-Mitarbeiter endlich weg sind, lüfte ich erstmal eine ganze Stunde. Dann stelle ich eine Kerze auf Leonidas 2 und heiße ihn herzlich willkommen. Anschließend mache ich mich mit der Bedienungsanleitung vertraut und bereite den ersten Waschgang vor.

Eine völlig neue Geräuschkulisse erwartet mich. Die Maschine piept, als sie loslegt. Das Geräusch, wenn sie Wasser zieht: herrlich! Ich werde einfach eine Stunde hier stehenbleiben und zuschauen.

Dann fällt mir der 100-Euro-Schein ein. Mist, ich habe nicht nachgeschaut. Verdammt, ich habe dem Mitarbeiter davon erzählt. Jetzt hat er ihn entweder an sich genommen oder er liegt weiterhin unter Leonidas 2. Dann werde ich wohl warten müssen, bis die neue Waschmaschine kaputtgeht.

Das dauert ja Gott sei Dank nicht mehr so lange wie früher.

AUTAN

In jungen Jahren wäre ich nie auf die Idee gekommen, *Autan* zu benutzen. Wenn eine Mücke zustach, dann betrachtete man das als notwendiges Übel, wenn man sich ins unberechenbare, wilde Draußen wagte. Das Jucken war halt eine Herausforderung. Wer dem nachgab, war ein Loser, wer die Zähne zusammenbiss ein Held, der von seinen Freunden bewundert wurde. Okay, die unnatürliche Schwellung, die beispielsweise eine Hand in ein deformiertes Körperteil verwandelte, bereitete ein wenig Sorgen, ob es noch ein Morgen geben würde. Aber das lag eben an den Berliner Mücken, die durch irgendeine Chemie oder Autoabgase derart mutiert waren, dass ein Stich das Immunsystem an den Rand eines Kollapses brachte.

Heute bin ich ein *Autan*-Mensch. Kein sorgloser Umgang mehr in der Natur und wenn eine Mücke in meine vier Wände eindringt, dann greife ich zur Pumpgun. Bevor ich das Haus verlasse, sprühe ich mich mit einer Flasche *Autan* ein, bis sie leer ist. Jede Stelle des Körpers muss geschützt sein, in Gedenken an Siegfried, das Bad im Drachenblut und dieses verdammte Lindenblatt.

Im letzten Urlaub in Brandenburg hatte ich natürlich eine frische Flasche *Autan Tropical* bei, in der Annahme, dass die Brandenburger Mücken spezieller sind als ihre Berliner Artgenossen. Etwa, dass sie einen binnen Sekunden leer saugen oder gar auffressen. Außerdem hilft das neue *Autan Tropical* laut Produktbeschreibung auch gegen die Tigermücke, diese eingewanderte Scheißmücke, von der ich schon viel Schlimmes gehört hatte. Sie soll ja AIDS, Halsweh und Hexenschuss verbreiten. Zudem wehrt das DDT für den Privatanwender auch die Scheißviecher ab, die Gelbfieber und Malaria übertragen und ich war sicher, davon gab es in Brandenburg viele. Was ich nicht wusste: Den Mücken in Brandenburg war *Autan* scheißegal.

Aber gegen eine andere Bedrohung hatte ich im Vorfeld keine Vorsichtsmaßnahme ergriffen.

Als ich vor einigen Jahren mal in Polen war, hatte ich noch ein Spray gegen Zecken dabei. Natürlich ein klischeebehafteter Gedanke, Polen und Zecken, alles klar. Ich hatte sogar eine Zecken-Europa-Karte studiert und da war Ost-Europa rot, vor allem Polen und Russland. Also Russland war noch tiefroter gefärbt, so dass zu vermuten war, die Russen selbst dienten nur noch als Wirtskörper, die keinen freien Willen mehr besaßen und dass man bei Grenzübertritt in dieses Land von Millionen Zecken heimgesucht wurde.

Auf die Karte hätte ich mal schauen sollen, aber ich habe gedacht, in Brandenburg gibt es keine Zecken, schon gar nicht Anfang September, wenn der Herbst allmählich seine feuchten Klauen ausstreckt.

Ich habe mich nur einmal am Rand einer Landstraße aufgehalten und bin dort etwa fünf Meter gegangen, mit langer Hose, Walking-Schuhen und einem langen Hemd. Aber irgendwie hat es eine geschafft, hoch zu meinem Oberschenkel zu gelangen und sich da, nun ja, „einzugraben“ oder wie auch immer. Als ich das am Abend merkte, war mein erster Gedanke, mir ins Bein zu schießen. Der zweite Gedanke überlegte, an einer Tankstelle Benzin zu besorgen und das Bein anzuzünden. Aber beides schien mir dann zu rabiat, weshalb ich entschied, zu resignieren.

Die erste Zecke in meinem Leben – und wenn ich Pech hatte, war sie mit irgendetwas infiziert und gab das an mich weiter.

Am nächsten Tag, einem Sonntag, ging es zurück nach Berlin und ich suchte gleich eine Not-Apotheke auf und verlangte alles, was nötig war, um eine Zecke zu entfernen beziehungsweise sie zu vernichten. Ich bekam eine Erste-Hilfe-Box mit ein paar Pflastern, Desinfektionstüchern und einer Plastik-Zecken-Zange. Ich probierte es mit der Zange, aber sie wollte nicht weichen. Die Zecke hatte ein Ziel, ihr ging es gut und mir zunehmend schlechter.

Sollte ich zur Notaufnahme? Im Internet wurde davon abgeraten, stattdessen sollte man einen befreundeten Menschen bitten, die Zecke zu entfernen. Sollte ich bei den Nachbarn klingeln? Bei denen hatte ich verschissen wegen all der Pöbelei vom Küchenfenster in den Hof, wenn ich sie darauf hinwies, dass in einen übervollen Container nicht mehr Müll passte oder sie generell die Mülltrennung nicht einhielten. Ich rief meine Partnerin an, aber sie weigerte sich.

Okay, auf sie konnte ich also nicht zählen, was sogleich jede Romantik unserer Beziehung in mir zerstörte.

Am nächsten Morgen rief ich in verzweifeltem Ton beim Hausarzt an. Ich bekam einen Termin am Nachmittag. Ich fuhr zur Arbeit, wo ich mich viel bewegen musste, was der Zecke irgendwie nicht „schmeckte", wobei das „schmecken" hier wörtlich zu nehmen ist. Auf einmal war sie weg. Da wollte ich ihr mit allem, was die moderne Medizin zu bieten hatte, zu Leibe rücken, die Zecke spürte, dass Gefahr im Verzug war, machte sich vom Acker, und hinterließ einen fast blutleeren Fleischsack.

Meine Partnerin, die sich in der Zecken-Angelegenheit ja nicht mit Ruhm bekleckert hatte, kommentiert den Abgang lediglich mit „sie sei eben satt" gewesen.

Der Arzt, den ich natürlich trotzdem aufsuchte, machte auf die Gefahr des „Hirnfraß" aufmerksam. Gut, er nannte das nicht genau so, aber meine derbe und leider auch herabwürdigende Übersetzung seiner Diagnose machte deutlich, was mich erwarten könnte, wenn sich die Zecke vor unserer Begegnung in allen möglichen Ecken rumgetrieben haben sollte, wo sie sich Sachen geholt hatte, die besser mal dortgeblieben wären.

Meningoenzephalitis heißt die Erkrankung und ist eine Entzündung des Gehirns und die Hirnhäute. Meine Güte, was für ein schweres Wort. Hätte man da nicht was Einfacheres finden können, wie zum Beispiel *Aua*. Der Arzt riet, ich solle die Einstichstelle beobachten und auf meinen Körper achten.

Wenn grippeähnliche Anzeichen auftauchen sollten, würden wir weitersehen.

Zuhause informierte ich mich dann weiter. Prekär schien bei einem Zeckenbiss die Frühsommer-Meningoenzephalitis zu sein. Gott sei Dank, da stand die Erleichterung im Wort. September war definitiv kein Frühsommer mehr. Allerdings dauerte die Zeckensaison in der Regel von März bis November. Na, was denn nun? Es gab eine Infektionskarte im Netz, die deutlich machte, dass vor allem Bayern, Baden-Württemberg und Sachsen mit Infektionen zu kämpfen hatten. Brandenburg dagegen blieb weiß, womit das Bundesland mal wieder seinem Haupt-Charakterzug treu blieb – nichts bot sich für diesen Landstrich an, da war nichts los, kein Ziel, keine Heimat, keine Nahrung.

In den nächsten Tagen beobachtete ich täglich mehrmals die Einstichstelle und erwartete die sogenannte „Wanderröte“. Aber die Rötung blieb, wo sie war und bildete sich schließlich zurück, was sicherlich auch der Menge an Jod zu verdanken war, die mir der Arzt mitgegeben hatte und die ich großzügig verwendete. Ich musste nur aufpassen, dass ich das Döschen mit dem Spachtel nicht aus Versehen auf den Küchentisch stellte und als Brotaufstrich verwendete, denn das Jod hatte eine frappierende Ähnlichkeit zu meinem Lieblingshonig.

Tage später gab ich Entwarnung. Alles war gut gegangen. In der Zeitung las ich, dass im Herbst die Stinkwanze in die warmen Häuser zieht, um Schutz vor Kälte und Nässe zu suchen. Stinkwanze klang fürchterlich. Ich musste die Augen offen halten und sofort Gegenmaßnahmen einleiten.

Ich orderte im Internet weitere Munition für die Pumpgun und benutzte die Leergut-Sammlung der letzten Wochen für den Bau von Molotow-Cocktails. Den Viechern würde ich es zeigen. Die sollten sich bei den Nachbarn einnisten, aber nicht bei mir. Wieder mal wurde mir bewusst – die Zahl meiner Feinde ist Legion.

NEUIGKEITEN VOM ROBERT-RESCUE-PLATZ

Noch immer ist es mir lästig, dass vor ein paar Jahren ein paar Kumpels unter Einwirkung berauschender Getränke auf die Idee kamen, einen bislang namenlosen, winzigen Platz zwischen Utrechter- und Malplaquetstraße auf Google Maps nach mir zu benennen. Seither umtreibt mich die Sorge, dass irgendwann die Obrigkeit auf diese Sache aufmerksam wird, recherchiert und mich dann in Ketten legt.

Wenn der Platz so unscheinbar wäre wie viele andere, dann müsste mich das nicht kümmern, aber hin und wieder finden dort Demos oder Konzerte statt und dann lese ich meinen Namen auf Plakaten, Flyern und im Internet.

Kürzlich machten mich die Kumpels darauf aufmerksam, dass auf dem Robert-Rescue-Platz eine Sperrmüllsammelaktion der BSR stattfinde. Nachlesen konnte man das auf berlin.de, der offiziellen Website der Hauptstadt. Jetzt war es also raus, die Obrigkeit wusste Bescheid.

Was konnte ich tun? Sollte ich mit erhobenen Händen im Flur knien, damit das anrückende SEK leichtes Spiel hätte? Die Verantwortung übernehmen und den Freitod wählen? Nein, es gab nur eine Möglichkeit – die Flucht nach vorne, meine Unschuld beteuern und die Verantwortlichen ans Messer liefern.

Ich wählte die Nummer des Bezirksamts, sprach mit irgendeiner Frau an einem Infoschalter, schilderte ihr die schändliche Tat und sie wollte nachschauen, wer dafür verantwortlich sei, also nicht für die Tat, sondern die Aufklärung. Ihr langes und vor allem hörbares Suchen nach einem Ansprechpartner ließ mich glauben, sie blättere in einem internen Telefonverzeichnis, das seit 1971 nicht mehr aktualisiert worden ist – aber das bildete ich mir sicherlich nur ein.

„Wie ich mir schon dachte", hörte ich sie dann wieder. „Verantwortlich für Ihr Anliegen ist das Straßen- und Grünflächenamt Mitte. Klingt eigentlich naheliegend."

„Es handelt sich aber um einen Platz", gab ich zu bedenken. „Nicht um eine Straße oder eine Grünfläche."

„Oja, richtig", sagte die Frau am Hörer. „Dann könnte es natürlich auch das Stadtentwicklungsamt sein, schließlich hat der Platz ja eine Entwicklung durchgemacht, also eine Entwicklung im namensmäßigen Bezug. Oder der Fachbereich Bau- und Wohnungsaufsicht? Die müssen sowas ja im Blick haben, nicht wahr?"

„Nein, es handelt sich ja um keine Wohnung und keine Bautätigkeit. Gibt es nicht irgendeinen Fachbereich für Plätze?"

„Nein, leider nicht. Wäre ja eine Idee. Ich werde das bei der nächsten Personalversammlung vorschlagen. Dann wüsste ich nämlich jetzt ganz genau, wohin ich Sie verweisen soll. Jetzt bleibe ich mal beim ersten Vorschlag. Ich gebe Ihnen eine Nummer vom Straßen- und Grünflächenamt Mitte. Aber vermutlich wird niemand rangehen und per Mail sind die auch nicht erreichbar. Die sind auch irgendwie komisch, diese Freaks."

„Vielen Dank für die Hilfe", sagte ich und ließ mir die Nummer geben.

Die Dame vom Amt hatte recht. Es war bekannt, dass das Straßen- und Grünflächenamt Mitte anders war als andere Ämter. Es residierte auf einem Felsen im Plötzensee, der stets im Nebel lag und nur mit dem Boot erreichbar war. Die Mitarbeiter waren vor einigen Jahren geschlossen dem Kartäuser-Orden beigetreten. Dagegen sprach nichts, aber es handelte sich bei den Kartäusern um einen Schweigeorden, was der Kommunikation mit dem Amt erhebliche Steine in den Weg legte. Sollte ich einen Brief schreiben oder ein Fax senden? Vielleicht lehnten die Mönche das aber als neumodischen Mumpitz ab?

Eigentlich blieb mir somit nur die Wahl zwischen dem Öffnen der Tür für das SEK oder der Freitod. Beides waren keine besonders angenehmen Alternativen. Also griff ich zum Telefon.

„Straßen- und Grünflächenamt Mitte, Bruder Benedikt."

Ich nannte meinen Namen und mein Anliegen und fragte dann, warum er denn als Schweigemönche rede.

„Oh, ich bin noch kein Mönch. Ich bin Priesterschüler oder Adept oder wie auch immer. Praktikant vielleicht oder Azubi. Ich werde Ihr Anliegen dem Abt mitteilen und mich dann wieder bei Ihnen melden."

„Okay, vielen Dank. Wann wäre das ungefähr?"

„In vier Tagen. Ich muss einen Bericht über Ihren Anruf verfassen und der Abt wird mir eine schriftliche Stellungnahme zukommen lassen. Das dauert seine Zeit. Mir dünkt, es handelt sich um eine äußerst komplexe Angelegenheit."

Ich fühlte mich erleichtert. Ich hatte was zur Aufklärung beigetragen, was sicherlich als mildernde Umstände gelten durfte.

Tatsächlich rief mich Bruder Benedikt zur vereinbarten Zeit zurück.

„Der Abt war sehr aufgebracht, muss ich Ihnen sagen. Er schrieb: *Es ist zum Kotzen, dass diese abgefuckten Kackbratzen im Internet einfach nach Gutdünken Namen von Straßen und Plätzen ändern dürfen. Das hatten wir mit ein paar Hitler-Straßen, und dass dieser verfickte Scheißhaufen namens Google das zulässt und sich erdreistet, die heilige Aufgabe eines Straßen- und Grünflächenamtes infrage zu stellen, bringt mich in Rage.*"

„Okay, und das bedeutet jetzt konkret in meinem Fall?"

„Der Abt ließ verlauten, Moment, er schrieb, wissen Sie, er hat eine Sauklaue, also: *Dieser gottverdammte Bürger soll uns nicht mit seinen egoistischen Anflügen, seinem durch die Bank peinlichen Versuch, seine bedeutungslose Existenz durch eine Platznamensänderung in seinem Sinne zu erhöhen, belästigen. Für uns ist dieses jämmerliche Tastengeficke*

Ausdruck eines schwachen Charakters, der mit seinem gänzlich unerfüllten Leben hadert. Eine Platznamensänderung ist nur gültig, wenn sie im heiligen Kodex der Straßen- und Grünflächenämter aufgeführt und mit einem Wachssiegel, gemischt mit dem Blut der zwölf heiligen Amtsleiter, bestätigt wurde. Google kann uns mal am Arsch lecken."

„Gut, das beutetet also, wenn ich mal den emotionalen Teil der Ansprache des Abtes weglasse, dass ich sauber raus bin aus der Sache. Keine strafrechtlichen Konsequenzen, kein Bußgeld, alles Pippifax und nicht der Rede wert."

„Richtig."

Ich bedankte mich und legte auf.

Zwei Tage später schaute ich interessehalber noch mal auf berlin.de nach. Der Eintrag war geändert worden, von einem Robert-Rescue-Platz stand dort nichts mehr. Auch auf Google Maps war er nicht mehr zu finden.

Wieso dieser Umschwung, obwohl mein Anliegen doch als nichtig und egoistisch bezeichnet worden war? Vielleicht hatte es intern einen Skandal gegeben, der nicht an die Öffentlichkeit gedrungen war? Musste der Abt vom Plötzensee nun als Bettelmönch durch die Lande ziehen und ein Staatssekretär Kopien heften? Wurde die geheime Hackergruppe „Kobra" aktiviert, die einen Datenkrieg mit Google lostrat und gewann?

Monate später, genauer an Silvester, erzählte mir eine Bekannte, dass sie auf dem Robert-Rescue-Platz den Jahreswechsel zu feiern gedenke, woraufhin ich sie darauf aufmerksam machte, dass die Behörde den Namen gelöscht habe. Sie meinte aber, der heiße im Internet immer noch so.

Also schaute ich nach und tatsächlich – alles war wieder beim Alten, was bedeuten musste, dass es irgendwann wieder Demos, Konzerte und BSR-Sperrmüllsammelaktionen mit meinem Namen geben würde. Dann musste ich wohl abermals beim Straßen- und Grünflächenamt Mitte vorstellig werden.

Ob Bruder Benedikt noch dort war oder hatte er sich was bei einem Start-up mit kostenlosen Erfrischungen und Tischtennisplatte gesucht? Warum stand mein Name wieder bei Google Maps? Sollte ich vielleicht mal bei Google anrufen? Nein, dann lieber noch mal beim Amt.

WIE HAT IHNEN DAS PRODUKT GEFALLEN?

Zu den Widersprüchen meines Lebens gehört es, dass ich in einem Nebenjob Bestellungen bei Amazon bearbeite, aber privat so gut wie nie dort was bestelle. Also eigentlich lehne ich das rundweg ab, aber ich muss gestehen, dass ich hin und wieder, also in außergewöhnlichen Momenten dort was ordere, was ich im stationären Handel, der ja durch Amazon und Co. vom Untergang bedroht ist, nicht bekomme. Gut, das sagen die Abermillionen Kunden, die im Internet bestellen, sich auch, aber ich unterstelle ihnen, dass sie das leichtfertig machen, sich keine Mühe bei der Recherche geben und halt so Couchzombies sind. Ich kenne, wegen eines anderen Nebenjobs, die Bestellungen meines Nachbarn bei Amazon, und ich muss schon sagen, einiges davon bekommt man beim Karstadt am Leopoldplatz, im Saturn am Kutschi oder im Pfennigland auf der Müllerstraße auch.

Wenn ich also ganz selten mal was bestelle, dann lasse ich das stets an den Nachbarn Heiko im Erdgeschoß liefern, um es da nach Lust und Laune abzuholen. Heiko hat den ganzen Tag nichts zu tun und so ein Paketbote, der mal bei ihm klingelt, bringt bestimmt etwas Abwechselung in seinen tristen Alltag.

Als ich vor kurzem also was bei Amazon bestellte (eine Schreibtischlampe, die man direkt oben am Monitor anbringt und die so den Bildschirm und den Schreibtisch optimal erhellt und die man wirklich nicht irgendwo vor Ort bekommt), da bekam ich ein paar Tage später eine Mail von Amazon, dass ich doch gefälligst das Produkt mit einer Sternebewertung auszeichnen solle. Gut, das *gefälligst* stand nirgends in der Mail, aber es stand irgendwo zwischen den Zeilen. Dass man die Mail ab sofort alle drei Tage bis zum Lebensende bekommen würde, wenn man keine Bewertung abgab, stand zwar nicht in der Mail, aber ebenfalls zwischen den Zeilen.

Ich war mit dem Produkt zufrieden, aber auf eine schweigsame Art zufrieden, also ignorierte ich die Mail. Drei Tage später landete sie wieder im Postfach. Ich war immer noch wortlos von dem Produkt angetan. Beim dritten Mal aber war es mir zu viel. Ich rief den Link auf und gab vier von fünf Sternen ab.

Ich hätte auch fünf Sterne geben können, aber ich fühlte mich nicht danach. Ich hatte nicht auf Facebook gepostet, dass das Gerät total geil sei und alle es kaufen müssen, ich hatte meiner Partnerin kein Foto von der Lampe geschickt – alles Verhaltensweisen, von denen ich glaubte, dass man sie unternahm, wenn man sich in einer fünf-Sterne-Euphorie wähnte.

Das Textfeld ließ ich leer. Ich drückte auf „Bestätigen“ und wollte die Sache damit abschließen.

Es erschien eine Warnmeldung, dann öffnete sich ein kleines Fenster: *„Du hast das Produkt mit vier Sternen bewertet. Fällt dir nichts dazu ein? Du bist begeistert und findest keine Worte?“*

Ich hasste Webseiten mit Bewertungen, die ein Textfeld hatten und unbedingt wollten, dass man da was reinschrieb. Das kam dem nahe, was ich neulich auf Twitter über das typische Prozedere gelesen hatte, wenn man heutzutage eine Website besuchte: Als Erstes musste man sich durch die Cookie-Einstellungen durchkämpfen, wenn man noch den Ehrgeiz dazu hatte und nicht mit einem „Alle Cookies akzeptieren“ klein beigab. Danach schloss man das, meist von rechts herausfahrende Support-Fenster, wo man eine Frage stellen konnte. Auf manchen Seiten stoppte man anschließend das Video, das sich von selbst abspielte. Schlussendlich klickte man noch das Fenster weg, das fragte, ob man einen Newsletter erhalten wolle.

Hier auf der Website von Amazon fand ich nur den obligatorischen Cookie-Hinweis, das Newsletter-Fenster und, als zusätzliches Hindernis, das Textfeld. Ich tippte normalerweise bei solchen Gelegenheiten wahllos auf der Tastatur rum und schickte den Zeichensalat ab, um den Verantwortlichen zu zeigen, was ich von dem Scheiß hielt. Jetzt seufzte ich und schrieb: „Keine Angabe." – und wusste im gleichen Moment, dass die Website das nicht akzeptieren würde. Mit Sicherheit würde meine Bewertung auf der Produktseite aufgeführt und was sollte ein potentieller Käufer von „Keine Angabe" halten? Das war kein Anreiz, das Produkt in den Warenkorb zu legen. Ich drückte dennoch auf den „Bestätigen"-Button.

Wieder poppte ein Fenster auf: *„Echt jetzt? Willst du mich verarschen?"*

Was sollte ich nun machen? So etwas reinschreiben wie „Ich bin müde" oder „Ich lasse mich von Amazon nicht gängeln"? Dann würde ich hier noch Stunden mit kreativen Versuchen verbringen, um die Website zufriedenzustellen. Ich würde einfach die nächste Mail von Amazon abwarten, beschloss ich und wollte den Tab schließen.

Ein Fenster poppte auf: *„Wollen Sie die Seite verlassen?"* Auf den beiden Buttons darunter stand: *„Nein."* und *„Nein."*

Ich nickte einsichtig und klickte das Fenster weg. Dann schrieb ich: „Es handelt sich bei der Lampe um ein Produkt, das mein Leben verändert hat ..."

Ein Fenster poppte auf. *„Sehr gut, das klingt doch schon vielversprechend. Weiter so!"*

„... Ich bereue mein bisheriges Leben, das ich ohne Kenntnis dieser Schreibtischlampe verbracht habe. Die Leuchtkraft ist beeindruckend, ich muss annehmen, dass ich die letzten zwanzig Jahre im Dunkeln gesessen habe. Das ist mir nun klar geworden, im wahrsten Sinne der Worte. Ich danke dem Hersteller für die Entwicklung des Produktes und Amazon für die Vermarktung. Selbstverständlich gilt mein Dank auch dem Paketdienstleister, der die Ware mit den üblichen Schwierigkeiten zugestellt hat."

Wieder poppte ein Fenster auf. *„Großartig! So eine tolle Bewertung hat noch kein Käufer hinterlassen! Wäre es dann nicht auch angemessen, wenn du fünf statt vier Sterne vergibst?"*

Das Fenster verschwand wieder. Wie befohlen, änderte ich meine Sternebewertung und klickte abermals auf „Bestätigen".

Ein Fenster erschien und ich befürchte eine Fortsetzung dieses absurden Vorgangs, der bereits 15 Minuten meiner Lebenszeit verschwendete: *„Herzlichen Glückwunsch! Wir haben deine Bewertung entgegengenommen."*

Ich schloss den Tab, löschte anschließend alle Mails von Amazon und beschloss, nie wieder dort etwas zu kaufen, selbst dann nicht, wenn alle stationären Geschäfte schließen mussten. Oder besser gesagt: Ich würde erst dann wieder dort einkaufen, wenn es keine andere Möglichkeit mehr gab.

BERLIN DUNGEON

Die eintreffende Mail versprach nichts Gutes:

> Lieber Robert Rescue, die Vorbereitungen für Ihre Rechnung laufen.

Das klang übertrieben. Ob wirklich gerade mehrere Mitarbeiter des Stromanbieters über einen Tisch gebeugt über meiner nächsten Stromrechnung grübelten? Ich las weiter:

> Es wird Zeit, Ihren Zählerstand abzulesen. Da wir wissen, wo Sie wohnen, wünschen wir Ihnen viel Glück dabei. Sollten Sie heil aus dem Keller gelangen, geben Sie Ihren Zählerstand bitte auf unserer Website ein. Sollten wir nichts mehr von Ihnen hören, freuen wir uns, dass Sie unser Kunde gewesen sind.

Jedes Jahr das Gleiche. Manchmal wünschte ich mir, woanders zu leben. Da lief das so ab: Treppensteigen, Licht anmachen, Zählerstand vermerken, Licht ausmachen, Treppensteigen. Es klang verlockend einfach.

Aber in Berlin ist es anders: Man muss nicht in das *Berlin Dungeon* gehen und sich da gruseln lassen. Das ist was für Touris und kostet Geld. Der Berliner geht für umme einmal im Jahr in den Keller und wenn er Pech hat, bleibt er dort und reiht sich als Zombie in ein Monster-Kabinett ein oder dient als Futter für die Berliner Kellerfauna.

Erstmal ging ich mit einem Kanister in der Hand auf die andere Straßenseite zur Tankstelle.

„Was haben Sie vor, fürs Auto reicht das ja nicht", bemerkte der Tankwart, nachdem ich den Kanister gefüllt hatte.

„Stromzählerablesung", antwortete ich.

„Shit und dann einen ganzen Kanister. Wollen Sie das Haus abfackeln?"

„Kommt darauf an, was im Keller lebt."

„Verstehe."

Zuhause habe ich mir dann den Neopren-Taucheranzug angezogen. Kaum zu glauben, aber der hatte sich beim Gang in den Keller bewährt. Die geifernden Zähne der Ratten drangen nicht durch das eigentlich dünne Material. Angeblich mochten die den Synthetik-Kautschuk nicht. Ich habe mal von einem gehört, der in einer Ritterrüstung in den Keller gegangen war. Eigentlich eine sichere Sache, will man meinen, aber Kumpels hatten den ein paar Stunden später bis auf die Knochen abgenagt gefunden und das Metall war aufgerissen wie bei einer Konservendose.

Ich packte noch den Flammenwerfer, den Baseballschläger und das Essenspaket ein, falls ich mich verirren würde, und ging dann in den Keller.

Als Erstes verbrannte ich mit dem Benzin die Spinnweben, die direkt hinter der Tür eine beinahe unüberwindbare Barriere bildeten. Ein paar der Spinnen gingen mit drauf und ich bildete mir ein, ihre Todesschreie zu hören, als sie den Feuertod starben. Normalerweise kann ein Mensch die Geräusche von Spinnen nicht hören, aber jedwede Definition von Normalität war bei diesen Viechern außer Kraft gesetzt. Handgroße pelzige Bestien, die teilweise noch eine halbe Ratte im Maul hatten. Ihre acht grünen Augen blickten mich hasserfüllt an. Okay, das geht bei Spinnen ebenso wenig wie die halbe Ratte im Maul, aber die Vorstellung kam der Gefährlichkeit, die von diesen Monstern ausging, nahe. Eigentlich war es sinnlos, was ich tat, denn bald schon würden sie ihre Netze neu spinnen und bei der Raserei, in die ich sie versetzt hatte, mochte es sein, dass diese Netze widerstandsfähiger waren. Das war definitiv schlecht für den

Nachbarn, der nach mir das Pech hatte, seinen Stromzähler ablesen zu müssen.

Einen halben Meter hinter der Barriere entdeckte ich Oma Kasulke. Die Spinnen ließen sie in Ruhe, weil sie davon ausgingen, dass sie längst tot war.

„Ist der Russe schon da?", fragte sie in meine Richtung.

Oma Kasulke hatte 1980 die Hausgemeinschaft verlassen und sich in den Keller zurückgezogen, weil sie manisch davon überzeugt war, dass sich der Kampf um Berlin bald wiederholen würde. Jahrzehntelang hatten wir sie dafür verspottet, aber es schien so, als würde Oma Kasulke recht behalten.

„Bald", sagte ich zu ihr, anstatt wie sonst „Verpiss dich, du alte Vettel".

Ich bewegte mich weiter durch den Keller und entdeckte in einem offenen Keller einen Karton Sonnenblumenöl. Mein Gott, was für ein Schatz! Wo kam der her? Egal, ich packte ihn unter den Arm. Später würde ich auf dem Bürgersteig einen Tisch aufbauen und jede Flasche für 10 €, ach Quatsch, 20 € verkaufen.[3]

Während ich im Geist den Profit zählte, kam eine Gestalt auf mich zu. Sie torkelte und ich wusste Bescheid. Ich richtete den Flammenwerfer auf die Kreatur. Im Schein der Flammen sah ich ein Gesicht. Gerrit, der Student aus dem dritten Stock, der nicht hatte glauben wollen, dass der Gang in den Keller gefährlich sein konnte. Vermutlich hatte er kürzlich von seinem Stromanbieter die Aufforderung zur Ablesung bekommen, war furchtlos herabgestiegen und auf einen längst vermissten Mieter gestoßen, der zum Zombie geworden war und ihn infizierte.

„Ruhe in Frieden, Gerrit", sagte ich zum Abschied und stieg über den Haufen Asche. Dann hörte ich das Summen. Ein Stück weiter den Gang entlang stieß ich auf ein leuchtendes Tor, aus dem sich grau-braune Tentakel streckten. Ich vermutete schon lange, dass es sich um eine Art Dimensionstor oder

3 Anm. d. Lektorats: Im März 2022 ist Sonnenblumenöl nahezu überall in Deutschland ausverkauft.

ein Wurmloch handelte, aber ich hatte Sorge, es zu benutzen, weil ich ja nicht wusste, wo ich dann landen würde.

Wäre es ein Paradies mit Einhörnern, Regenbögen und Sonderangeboten? Aber was war, wenn mich dort Zombies, Spinnen oder einfach nur ein mir unbekannter Keller in einer Million Lichtjahre entfernten Galaxis erwarteten?

Ich ging weiter und kam zu einer Reihe von Holzkisten, auf denen Hakenkreuze eingebrannt waren. Das Bernsteinzimmer. Ich wollte es schon längst aus dem Keller holen, aber ich hatte in meiner Wohnung keinen Platz, um es aufzubauen. Außerdem befürchtete ich internationale Verwicklungen, ausgehend von der Enthüllung, dass es sich im Keller eines profanen Mietshauses in Berlin-Wedding befunden hatte. Aber angesichts der Inflation schien es mir bald nötig, mal ein paar Schätze zu Geld zu machen, und das Bernsteinzimmer würde sicherlich einiges mehr bringen als der Karton Sonnenblumenöl.

Dann erreichte ich die Kästen mit den Stromzählern. Aus den Tiefen des Kellers hörte ich ein Brüllen. Ein Löwe? Ein Dämon? Oder der Zombie, der Gerrit auf dem Gewissen hatte? Ich wollte es nicht wissen. Eilig las ich den Zählerstand ab und bewegte mich zurück zum Eingang.

Komisch, Ratten hatte ich keine entdecken können. Vermutlich waren sie von dem Spezialkommando erledigt worden, das die Hausverwaltung neulich geschickt hat. „Drei haben es nicht geschafft", hatte mir ein Nachbar erzählt. Vielleicht kam von denen das Brüllen. Auf jeden Fall fand ich es super, dass die Hausverwaltung sich endlich um die Sache gekümmert hat.

Ich sollte denen schreiben, dass das Spezialkommando noch mal anrücken muss. Vielleicht ist es nächstes Jahr möglich, den Keller gefahrlos zu betreten. Dann würde mir zwar was fehlen, aber vielleicht besuche ich dann endlich mal diesen *Berlin Dungeon* und lache die Schauspieler aus.

Immerhin hat sich der Ausflug in den Keller gelohnt. 23,98 € habe ich vom Stromversorger zurückbekommen.

DINGE IN MEINER WOHNUNG, MIT DENEN ICH NICHTS MEHR ANFANGEN KANN

5. Die Packung Mehl

Die Packung Mehl nimmt eine Sonderstellung in meinem Haushalt ein. Ich kann mit ihr nichts anfangen, denn das, was ich mir so koche, kommt ohne eine Prise davon aus. Das lässt tief blicken, was ich mir denn so zubereite beziehungsweise wie es um meine Kochfähigkeiten bestellt ist. Die Packung Mehl steht hinter der Tupperdose mit dem Salz, das ich öfter verwende, zum Beispiel bei Nudelwasser oder Pommes.

Gleichzeitig ist das Mehl das Lebensmittel, das ich am längsten in meiner Wohnung aufbewahre.

Ich bin ein Freund des Mindesthaltbarkeitsdatums, um nicht zu sagen, ein leider guter Freund des Mindesthaltbarkeitsdatums. Peinlich genau achte ich auf die Datumsangabe und wenn ein Pudding oder ein Milchbrötchen aus der Plastikpackung darüberliegt, dann wandern die Sachen gleich in den Müll. Okay, bei einem Tag oder vier bin ich noch entspannt und verzehre es gleich, aber bei Wochen oder Monaten sehe ich überall Schimmel, Pest, Cholera, Verrottung und bekomme Ekel. Ich weiß, dass diese Paranoia nicht immer angebracht ist (außer bei Brot), aber irgendetwas in mir ist auf dieses Datum fixiert und handelt subjektiv.

Aber bei der Packung Mehl ist alles anders. Meine Partnerin benutzt das Mehl gelegentlich und weist mich dann an, es aus dem Schrank zu holen. Dann erblicke ich das Mindesthaltbarkeitsdatum und erschrecke: 2012. Als ich sie mal drauf ansprach, meinte sie, solange das Mehl trocken sei, könne man es noch benutzen. Ich akzeptierte diese Aussage, denn in Sachen Mehl (aufmerksame Leser werden es sich schon gedacht haben) ist sie eindeutig kompetenter als ich.

Kaum vorstellbar, aber ich komme seit zehn Jahren mit einer Packung hin. Wie oft sehe ich Leute im Supermarkt, die eine oder mehrere Packungen im Einkaufswagen liegen haben. Oft habe ich mich gefragt, was die mit so viel Mehl machen und hätte mir die Antwort selbst geben können.

Apropos Supermarkt. Mal angenommen, es hat für diese Charge Mehl mal einen Produktrückruf gegeben wegen beispielsweise Bakterienbefall, wie ist es dann den Viechern in meiner Tüte ergangen? Sind sie gestorben oder weitergezogen?

Die Packung ist bereits zu einem Dreiviertel aufgebraucht und nach all der Zeit wäre es sicherlich auch okay, mal eine neue zu kaufen, aber leider denke ich nicht mehr weiter darüber nach, wenn ich sie zurück in den Schrank stelle.

Ach, bei der Gelegenheit: Dass das Mehl das älteste, am wenigsten verwendete Lebensmittel bei mir sei, nehme ich wieder zurück. Es gibt ja noch die Packung mit dem Zucker. Der steht neben dem Mehl. Ach ja, der Zucker. Keine Ahnung, wie lange der schon da steht.

6. Der Zettel am Ofen

Als ich vor zwanzig Jahren in den Wedding zog, musste ich als erstes den Kuckuck von der Tür nehmen. Pfändung und Rausschmiss des Vormieters.

Zusammen mit Freunden habe ich dann alles neu gestrichen. Die Wände langweilig weiß, die Holzdielen mausgrau und die Leisten in Taubenblau. Ein Helfer wollte sich um diesen merkwürdigen Linoleumboden im kleinen Zimmer kümmern, der mittig im Raum lag. Ich konnte mir keinen Reim darauf machen, warum er sich nicht über die ganze Fläche erstreckte, denn dann hätte ich ihn vermutlich behalten.

Der Helfer hat seinen Ehrgeiz schnell bereut, denn er musste mit einem Föhn und einem Spachtel ganze vier Tage malochen, um das Zeug zu entfernen. Zum Vorschein kamen allerlei Münzen, ein paar Scheine, Schwarz-Weiß-Fotos, der Nibelungenhort, ein Schatzschiff der Spanier und ein paar flache Spielsteine. Keine Ahnung, wie all das Zeug dadrunter gekommen war, aber die Fotos und Scheine ließen nach erster Inaugenscheinnahme vermuten, dass sie nicht vom Vormieter und auch nicht von dessen Vormieter stammten.

Auf jeden Fall wies ich alle Helfer an, sämtliche entdeckten Hinterlassenschaften erstmal zu sammeln. Im Falle des Linoleum-Bodens klappte das nicht. Irgendwann später kehrte irgendwer die Fundstücke zusammen und schmiss alles weg. Schade, denn ich hatte diesen merkwürdigen Gedanken entwickelt, den Nachlass der Vormieter zu behalten. Keine Ahnung, ob ich sowas wie eine Museumsfläche errichten wollte oder eine Art Kunstprojekt plante, um meine Zeit in der Wohnung mit ihren irgendwie „verschmelzen" zu lassen. Ich war Anfang dreissig, da hatte man noch solch wirren Ideen.

Letztlich wurden fast alle Dinge weggeschmissen, die noch zum Vorschein kamen. Übriggeblieben sind ein Stapel Briefe, die wir in der Schlauchtoilette hinter Rohren, die mit Zeitungspapier aus den 80er-Jahren abgedeckt waren, fanden und die zwei Lesebühnen-Kollegen später in einem Buch abdruckten, das solche alte Fundstücke sammelte. Natürlich habe ich die Briefe gelesen. Sie waren von einem Mann an eine Frau geschrieben worden, die sich von ihm getrennt hatte. Melancholische Werke, die um Versöhnung und Rückkehr baten. Wenn der Verfasser identisch war mit dem Vormieter, dann hatte er wenig Glück im Leben gehabt.

Das zweite erhaltene Fundstück war der Notizzettel an dem stillgelegten Kachelofen im kleinen Zimmer, auf dem er seine monatlichen Zahlungen vermerkte, die er zum Abtragen seiner

Schulden begleichen musste. Geholfen hat es ihm wohl letztlich nicht, siehe Kuckuck an der Tür.

Der Zettel dokumentierte nur einen Ausschnitt aus seinem Dilemma, einen Monat, indem er zumindest die Anwälte, das Kabelfernsehen und die Miete zahlen konnte, aber die „Buße“ und die Steuer waren nicht durchgestrichen. War das womöglich sein letzter Zettel vor der Pfändung gewesen? Ich stelle mir die Frage immer mal wieder, denn der Zettel klebt bis heute an dem Ofen. Genauso frage ich mich, ob er wieder die Kurve gekriegt hat.

Neulich habe ich den Zettel abgenommen und wollte ihn wegschmeißen, aber auf dem Weg zur Küche habe ich dann kehrtgemacht und ihn wieder angeklebt. Kann sein, dass ich irgendwie immer noch der wirren Idee von damals anhänge.

IM REICH DER TOTEN

„Was ich gar nicht gerne hier habe, sind Geisterjäger." Eine merkwürdige Äußerung, die man von einem Restaurantbesitzer oder dem Filialleiter eines Discounters nicht hören würde. Aber im Metier von Herrn Ihledorf ist das eine zutreffende Aussage.

Mir gegenüber sitzt ein freundlicher Mann Mitte 50 in einem rustikalen Aufenthaltsraum. Der Tisch, an dem ich Platz genommen habe, stammt ebenso wie die restliche Einrichtung aus dem Jahr 1909. Ich habe den Eindruck, dass seitdem nichts verändert wurde und nur einmal im Jahr feucht gewischt wird. Ich greife nach dem Rucksack und hole die Blätter hervor, auf denen ich mir Fragen notiert habe. Mir ist mulmig zumute, denn die Erwähnung „Geisterjäger" trifft ungefähr auf mein Anliegen zu. Aber er weiß, dass ich Autor bin und kein Ghostbuster, der mit dem ECTO-1-Auto vorgefahren ist und einen Protonen-Rucksack trägt.

Die brandenburgische Gemeinde Stahnsdorf ist mein Ziel. Stahnsdorf liegt im Tarifbereich C, so wie der Rest der Welt. Bis zum U-Bahnhof Krumme Lanke war es noch ein vertrauter Weg gewesen. Von dort musste ich mit dem Bus weiter und weil Busse alle paar Meter an den obskursten Haltestellen stoppen, ging ein Großteil der Reisezeit auf das Geruckel über holprige Landstraßen drauf.

In Zehlendorf dagegen sind die Straßen aus Gold, Einhörner grasen und es fallen Rosen vom Himmel wie Schnee. Gerne würde ich hier leben, aber dann hätte ich einiges in meinem Leben anders machen müssen, angefangen mit der Geburt als Sohn wohlhabender Fabrikanten, die im Wedding ein Bergwerk unterhalten, wo die Weddinger unter erbärmlichen Umständen schuften müssen, damit wir am Wochenende eine Kutschfahrt an den Schlachtensee machen und ein Deckchen ausbreiten können für ein viertes Picknick mit Macarons aus Paris und Sekt aus Eberswalde.

Nach einer Weile erreiche ich Stahnsdorf und steige an der Hauptstraße aus oder das, was in Brandenburg für eine Hauptstraße gehalten wird. Ich biege nach wenigen Metern in eine Straße mit Kopfsteinpflaster ab und erreiche dann das Eingangstor. „Tor" ist eigentlich das falsche Wort, es mutet eher wie die Eingangstür zu einem Kleingarten an. In gewisser Weise bin ich auch wegen diesem „Tor" hier. Ich habe im Internet kein Bild von dem Eingangsbereich gefunden. Wenn ich nun in meinem zukünftigen Werk behaupten würde, dass es sich um ein gusseisernes, drei Meter hohes Tor mit Verzierungen aus Gold handele, dann geht das nicht mehr als künstlerische Freiheit durch, sondern zeigt einfach, dass ich zu faul war, meine Behausung zu verlassen, um mir vor Ort ein Bild zu machen.

Das Gleiche gilt für den Bewuchs links und rechts vom Hauptweg, den ich nun betrete. Ich habe von Flora keine Ahnung. Ich weiß, es gibt Tannen, Birken, Kiefern, Kirschbäume und das war es schon und all die genannten sind hier ebenso fehl am Platz wie das gusseiserne, drei Meter hohe Tor. Auf Eiben und Buchen, wie ich wenig später erfahre, wäre ich im Leben nicht gekommen. So aber kann ich schreiben „links und rechts des Hauptweges wuchsen Eiben und Buchen" und weiß, dass mir das jemand erzählt hat, der Ahnung davon hat.

Nach etwa hundert Metern erreiche ich das Verwaltungsgebäude, ein eher hässlicher Flachbau. Als ich ihn betrete, bleibe ich vor Ehrfurcht stehen. Ich muss in der Zeit gereist sein. Ein großer Raum mit einer sechs Meter langen Theke, dahinter zwei Computerarbeitsplätze. An der Decke Lampen, die schon sehr lange dort hängen. Der Holzboden ächzt bei jedem Schritt und die Theke lässt jeden Bittsteller klein erscheinen.

Eine Mitarbeiterin kommt auf mich zu, fragt nach meinem Begehr und geht dann zu einer Tür links von mir. Kurz darauf steht der Chef des Südwestfriedhofs Stahnsdorf vor mir. Wenig später erzählt er mir, dass neulich das Drehteam von „Babylon Berlin" auf dem Friedhof gefilmt habe und als einer der Regisseure vor dem Tresen stand, habe er beschlossen, diesen als Location einzubauen. Es mussten nur die Flyer für das Friedhofsmuseum von der Theke genommen werden, die Computer weg, dafür zwei alte Telefone hin und fertig war die Polizeiwache im Berlin der 20er-Jahre.

Kurz darauf sitzen wir im Aufenthaltsraum und er sagt: „Was ich gar nicht gerne hier habe, sind Geisterjäger. Wenn ich Mails von denen bekomme, schreibe ich ihnen zurück, dass sie Hausverbot haben. Wenn ich die auf dem Gelände erwische, wie sie mit selbstgebauten Detektoren nach psycho-kinetischer Energie forschen oder die Gräser nach Schleimspuren absuchen, dann hole ich meinen Mitarbeiter Karl-Heinz. Bevor der hier angefangen hat, hat er jemanden umgebracht. Karl-Heinz schmeißt die dann raus. Ich wohne seit dreißig Jahren mit meiner Familie auf dem Gelände und ich habe hier noch keinen Geist gesehen. Da fällt mir ein, Gruftis muss ich auch gelegentlich verjagen. Die kommen immer mit Alkohol hierher und wollen in den Mausoleen der Familie Felinus oder von Friedrich Wilhelm Murnau, dem Regisseur von ‚Nosferatu', Partys feiern. Dafür haben die Teufelsanbeter nachgelassen. Vermutlich haben die festgestellt, dass hier niemand liegt, dem ihr Interesse gelten könnte beziehungsweise es hier niemanden gibt, den sie schänden können."

Ich lächele ihn an und wähle gedanklich meine Worte. Ich schreibe an einem Roman über einen seiner ..., nun ja, wie nennt man das bei einem Friedhofsverwalter? Gäste? Kunden? Mitbewohner?

Na ja, auf jeden Fall über Ernst Gennat, den großen Kriminalisten der Weimarer Republik, der nun leider in Stahnsdorf seine letzte Ruhe gefunden hat. Ernst Gennat spielt in meinem Werk eine der Hauptrollen, und zwar als Geist, der einen Mord auf dem Südwestfriedhof aufklären will, dazu mit einem erfolglosen Kommissar nach Berlin fährt und unter anderem in der Seestraße ermittelt, wo sich eine Corona-leugnende Christengemeinde befindet, die sich übrigens in dem Haus niedergelassen hat, in dem ich wohne. Das sind die örtlichen Eckpunkte meiner Recherche und grob umrissen die Handlung. Aber Gott sei Dank spielen psycho-kinetische Energie und Schleim keine Rolle.

Da ich ziemlich begeistert bin von dem Projekt, komme ich ins Plaudern und kann nicht einschätzen, ob er mich womöglich für irrer hält als die Geisterjäger.

Von Herrn Ihledorf erfahre ich einiges, nicht nur hinsichtlich der Eiben und Buchen. Der quasi Waldfriedhof ist auf seiner gesamten Fläche, immerhin der zweitgrößte Friedhof Deutschlands, nur mit Zäunen gesichert und eine Überwachungskamera findet sich nur im Eingangsbereich. Die Finanzen sind der Grund, dass er nicht besser geschützt ist und außerdem glaubt auch keiner bei den Behörden, dass jemand auf einen Friedhof einbrechen würde, weder aus materiellen noch aus moralischen Gründen. Außer natürlich Gruftis, Teufelsanbeter und Kupferdiebe, um das begehrte Metall von den Dächern der Mausoleen zu klauen. Einmal seien sie sogar nachts mit einem LKW auf den Hauptweg vorgefahren, in Erwartung einer fetten Beute. Die Mausoleen sind inzwischen weitgehend geplündert, aber das kümmert weder die Behörden, noch die dort Begrabenen und Nachfahren dürfte es kaum noch geben.

Es gibt eine üppige Pflanzenwelt, in der hier und da mal Tollkirsche und Stechapfel blühen, weshalb Tiere und Kinder an der Leine zu führen sind. Für Berliner Drogenkonsumenten wären die beiden Pflanzen mal eine Abwechselung mit ungewissem Ausgang. Wie gut, dass die Dealer vom Görli davon nichts wissen, sonst hätte Herr Ihledorf womöglich bald eine neue Problemgruppe, mit der sich herumschlagen müsste.

Nach einer Stunde verlasse ich das Gebäude und knipse ein paar Fotos vom Weg zwischen Haus und Haupteingang. Verrückt, ich habe noch nie einen gepflasterten Weg fotografiert, geschweige denn überhaupt einen Weg.

Zurück nach Berlin denke ich mir, dass Friedhofsverwalter sicherlich zu den Berufen gehört, in denen es keinen Burn-out gibt. Das wäre was für mich, aber auf dem Friedhof wohnen, nein, das könnte ich nicht.

NUR EINE NICHT VERSCHICKTE MAIL IST EINE GUTE MAIL

Die Hausverwaltung hat auf meine E-Mail nicht geantwortet. Das ist im Prinzip eine gute Nachricht, denn so ist es früher auch gewesen.

Dann aber kam eine Zeit, in der sie dienstbeflissen auf jede Anfrage geantwortet und auch sonst eine ungekannte Aktivität an den Tag legte, die alle im Haus als unheimlich empfanden.

Wir vermuteten, dass bei der Hausverwaltung eine neue Mitarbeiterin, wir nannten sie Frau Kasulke, angefangen und frischen Wind in den Laden gebracht hatte. Im Flur und im Hof wurde was gemacht, ebenso im Keller und wenn man, trotz zahlloser negativer Erfahrungen, eine E-Mail geschrieben hat, bekam man innerhalb von einer Stunde eine Antwort.

Wir wurden plötzlich damit konfrontiert, mit unseren Havarien nicht mehr alleingelassen, mit unseren Sorgen geachtet, nicht mehr wie der letzte Dreck behandelt zu werden, sondern wie Mieter mit Bedürfnissen, die von einer hilfsbereiten, ja, vielleicht sogar liebenden Hausverwaltung befriedigt wurden.

Es muss an dem Inhalt meiner Mail liegen. Ich hatte sowas schon vermutet, als ich sie losgeschickt habe. Aber ich dachte mir, Frau Kasulke wird gönnerhaft darüber hinwegsehen und mir freundlich die Antwort geben, die ich mir selbst hätte geben können.

Konkret ging es um die von der Hausverwaltung vorgeschlagene, freiwillige Erhöhung der Mietnebenkosten, um die durch Krieg, Inflation und Klimawandel eingetretenen Teuerungen aufzufangen. Das leuchtete mir ein, auch wenn ich angesichts der sportiven Erhöhung um 2.800 € erstmal schlucken musste.

Tage zuvor hatte mir der Stromversorger geschrieben, aber da ging es nicht um Freiwilligkeit, sondern um Licht an oder aus. Nachdem ich die Erhöhung verstandesmäßig erfasst hatte, begann ich wie irre zu lachen und dankte Gott dafür, dass ich keinen Gasanschluss hatte.

Die Hausverwaltung bat um eine Rückmeldung zum 01.08., erreicht hatte mich der Brief am 28.07. und losgeschickt wurde das Schreiben am 22.07. Es ist nicht das erste Mal, dass ich den Verdacht habe, dass Institutionen ihre Post vordatieren. Oder aber Berlin war inzwischen so im Arsch, dass ein einfacher Brief von Charlottenburg nach Wedding sechs Tage mit der Post brauchte. Hätte ich auf das Schreiben postalisch geantwortet, käme der Brief vermutlich am Sankt-Nimmerleins-Tag bei denen an. Aber dankenswerterweise räumte die Hausverwaltung auch eine Meldung per E-Mail ein. Sofort wurde ich misstrauisch. Es handelte sich nicht um die Mailadresse, unter der Frau Kasulke erreichbar war.

Waren die anderen Mitarbeiter wie Frau Kasulke? Ein, unter normalen Umständen, wirrer Gedanke, aber in diesem Zusammenhang und mit der ganzen Vorgeschichte durchaus logisch. In der Sorge, dass die nächste Betriebskostenabrechnung eine Nachzahlung von drölf Millionen Euro ergeben würde, schickte ich eine Mail.

In den nächsten zwei Monaten wurde mir nicht die neue Miete abgebucht. War die Mail nicht angekommen oder hatte die Hausverwaltung die Erhöhung ausgesetzt?

Also schrieb ich eine Mail und erkundigte mich. Schon während des Schreibens kam mir der Gedanke, dass der Fehler bei mir liegen könnte.

Was war los mit mir? Der Fehler lag immer bei der Verwaltung, das war doch sonnenklar. Aber ich wusste nicht genau, ob ich eine Einzugsermächtigung erteilt hatte oder die Miete über einen Dauerauftrag lief. Wie konnte man das herausfinden?

Stand das im Online-Banking drin? Ich bildete mir ein, dass ich die Verwaltung ermächtigt hatte, soviel abzubuchen, wie sie wolle – nein, Quatsch, hatte ich nicht.

Da saß ich also vor dem Computer, vor mir das Fenster mit der fertigen Mail und langsam dämmerte mir, dass ich sie nicht abzuschicken brauchte. Aber ich habe dann doch auf den „Senden“-Button geklickt, weil man ja überall im Internet auf irgendwas klickt. Andere bestellen irrtümlich eine Million Plastik-Strohhalme und ich verschicke eine unnötige Mail.

Das kannte ich ja von meiner Arbeit als Clickworker im Online-Handel. Da bekam ich Mails von Kunden, die völliger Unsinn waren, aber des Kundenservices wegen antwortete ich ihnen und versuchte zu helfen. Tja, und dann ging ich nach Feierabend nach Haus und schrieb selbst so Mails. Ist vermutlich irgend so ein kosmisches Kreislauf-Ding.

Nach einer Woche Schweigen seitens der Hausverwaltung bin ich inzwischen zu der Überzeugung gelangt, dass Frau Kasulke nicht mehr dort arbeitet. Man hat ihr wohl zu verstehen gegeben, dass sie ihren Job falsch angeht. Es war nie die Rede davon, Mails zu beantworten. Einem Handwerker Bescheid zu sagen, damit er einen defekten Boiler zeitnah repariert, ist ein Grund für eine Abmahnung. Und Mieter, die blöde Fragen stellen, sind grundsätzlich zu ignorieren.

Ich habe mich schließlich dazu entschieden, den mutmaßlichen Dauerauftrag nicht zu ändern. Vermutlich wird alles noch teuerer und dann schlägt die Hausverwaltung abermals vor, freiwillig mehr zu zahlen. Dann müsste ich den Dauerauftrag ja wieder ändern. Was für eine Arbeit.

Vielleicht eine Einzugsermächtigung erteilen? Wie macht man sowas? Einen Brief schreiben oder eine Mail schicken? An die Bank etwa?

Um Gottes willen, ich lasse alles so, wie es ist. Bringt nur Ärger, da was dran ändern zu wollen.

EINE FRAGE DER QUALITÄT

Seit drei Tagen sind die Entrümpler zugange und was sie aus den Kellern im Vorderhaus zutage fördern, spricht Bände. Ich würde vermuten, dass seit mindestens zwanzig Jahren keine Hausverwaltung mehr den Plan gefasst hat, dort unten mal aufzuräumen und das vermutlich aus gutem Grund.

Kellerräume sind ja dazu prädestiniert, da was unterzustellen, was man nicht mehr braucht, und manche Mieter sind in dem Punkt hemmungslos. Zum Beispiel, was diese riesige Preistafel angeht, die mal in einem Dönerladen über dem Tresen gehangen haben muss. Seit ich hier wohne, hat es keinen Dönerladen oder Ähnliches gegeben. Womöglich befand sich, vor meiner Zeit, in dem Haus der erste Dönerladen, der jemals im Wedding eröffnet hat und das war alles, was davon übriggeblieben war.

Oder der alte Wohnzimmerschrank-Fernseher mit Holz-Korpus. Holz ist auf jeden Fall eine Menge dabei und daraus kann die Entrümplerfirma in diesen Zeiten noch Profit schlagen. Da lässt sich eine Woche lang mit heizen.

An drei Tagen komme ich nach Hause und sehe den Chef der Firma im Hof stehen, wie er seine migrantischen Arbeiter beaufsichtigt, die von 8 Uhr bis 16 Uhr runter und wieder hochsteigen und damit die Siesta der Ratten stören, die einen vermissten Nachbarn in ihren Bäuchen verdauen.

Sie tragen die Sachen zunächst in den Hof und von da aus auf den Bürgersteig, wo sie einen großen Haufen bilden, weil ihr Lastwagen die Menge gar nicht mehr abtransportieren kann. Der Chef macht Fotos und telefoniert und wenn ich richtig mitgehört habe, bietet er manchen kostbaren Fund gleich irgendwelchen Geschäftspartnern an.

Wenn er mich wahrnimmt, hebt er grüßend die Hand. Ich mache ein unbeteiligtes Gesicht und denke darüber nach, wie viele Mieter am Tag hier vorbeikommen und sich ertappt fühlen, weil die Entrümpler gerade das wegräumen, was sie im Laufe der Jahre runtergebracht haben.

Ich bin diesbezüglich reinen Herzens, ich konnte in all den Jahren mit meinem Keller nichts anfangen. Ich habe, als ich eingezogen bin, mal reingeschaut, haufenweise Möbel gesehen und versucht, mir vorzustellen, was dahinter lebt, habe den Keller wieder verschlossen und ihn nie wieder aufgesucht.

Vor Jahren habe ich mal einen Entrümpler für die Wohnung beauftragt und 250 € dafür bezahlt. Ich kann es nicht leiden, wenn Nachbarn ihren Scheiß in den Hof stellen, weil sie a) zu faul sind, das Zeug zu einem Wertstoffhof zu bringen und b) zu faul sind, das Zeug in den Keller zu tragen.

Über was anderes muss ich nachdenken, wenn ich dem Chef über den Weg laufe.

Gibt es eine Möglichkeit, herauszufinden, wie gut oder schlecht er seine Arbeit macht? Kann er eine Antiquität von einem Allerweltsschrank unterscheiden?

Ich habe eine Idee und während ich auf ihn zutrete, überlege ich, ob ich diesen Schritt gehen will. Was ist, wenn er mich verdutzt anschaut und mit einem „Hä?!“ antwortet? Ich wäre enttäuscht und würde ihn keines Blickes mehr würdigen.

Was aber, wenn er sagt: „Ja, das ist ein großer Traum von mir, das zu finden. Seit vierzig Jahren räume ich Keller leer und motiviere mich jeden Tag damit, dass meine Leute auf 28 Holzkisten stoßen, auf denen ein Hakenkreuz zu sehen ist und ich sicher sein kann, das legendäre Bernsteinzimmer gefunden zu haben. Ich bin nicht der Einzige, der diesen Traum hat. Alle in meiner Branche sehnen diesen großen Tag herbei. Zahlreiche Museen und bedeutende Kunstsammler haben meine Nummer und warten auf meinen Anruf. Aber 28 vollständig erhaltene Kisten in einem Mietshaus im Wedding? Wenn meine Leute alte

Kloschüsseln, Bobby-Cars mit fehlenden Reifen oder eine Kiste mit Musikkassetten aus dem Keller fischen, weiß ich bereits, dass ich nicht fündig werde. Bei Aufträgen in Zehlendorf oder Dahlem bin ich zuversichtlicher, aber da habe ich bislang nur den Inka-Schatz von Paititi und die Bundeslade gefunden. Sie werden sicherlich denken, das ist doch schon mal eine gute Ausbeute, was mysteriöse, bis heute unentdeckte Schätze angeht, und ja, Sie haben recht, aber wer nicht an das Bernsteinzimmer oder die Bibliothek von Alexandria denkt, der ist in dieser Branche falsch. Immerhin scheinen Sie meinem Gewerbe etwas Aufmerksamkeit entgegenzubringen, vielen Dank!"

In dem Fall wäre ich angetan, würde mir seinen Flyer geben lassen und ihn beauftragen, wenn ich mal wieder was abzutransportieren habe.

Aber die Sorge überwiegt, dass er meine Frage nicht versteht, deswegen ziehe ich mit einem „Hallo" an ihm vorbei und überlasse ihn seiner stupiden Arbeit, in einer Schubkarre zu wühlen und gleichzeitig mit einem Ankäufer zu telefonieren und diesem, wie auf einem Basar, einen alten, vermutlich nach verwester Ratte riechenden Teddy als hundert Jahre alten original STEIFF-Teddybär verkaufen zu wollen.

Wobei, kann er einen STEIFF-Teddybär überhaupt erkennen? Ich sollte ihn das morgen mal fragen.

SCHRITTE IM HAUSFLUR

Ein Haufen Leute steigt die Treppen rauf und runter, ruft sich was zu, hin und wieder ein Lachen und ab und zu kommt jemand an meine Klingel und dieses furchtbare und ungewohnte Geräusch schreckt die Stille meiner Wohnung auf.

Ein Umzug und wenn ich die Geräusche richtig deute, ein Einzug. Bei einem Einzug herrscht immer so eine Vorfreude bei den Leuten, die einziehen. Die sind immer so aufgeregt und stecken dann ihren Freundeskreis damit an und dann poltert es im Hausflur.

Bei einem Auszug ist es ruhiger, die Leute haben gemerkt, dass das Haus nicht das richtige für sie ist und suchen sich eine neue Bleibe, wo es so ist, wie sie es gerne hätten.

Wann bin ich das letzte Mal umgezogen? Zwanzig Jahre ist das jetzt her und ich hatte gute Laune. Der Umzug in den Wedding war damals so ein bedeutendes Ereignis, dass Frank Sorge eine Dokumentation darüber gedreht hat, in der ich so Dinge fasele wie, dass der Wedding „hell" sei und der Friedrichshain „dunkel".

Lang ist das her. Auf jeden Fall war damals die neue Wohnung, der neue Kiez, ein Grund zur Freude und wenn ich gedanklich einen Bogen zu heute mache, dann spüre ich nichts mehr. Ich müsste auch mal wieder umziehen. Eine neue Wohnung, ein neuer Kiez, neue Einkaufsmöglichkeiten, das würde mir guttun.

Aber leisten kann ich mir das nicht und damit bin ich ja nicht allein. Heute gibt es kaum noch Wohnungen und um die balgen sich Hunderte und die sind bereit, alles dafür zu tun, wirklich alles.

Früher ist man einfach so umgezogen oder weil die Wohnungstür klemmte oder der Wasserhahn kaputt war. Man hat bei einer Hausverwaltung angerufen, die auf einem Haufen leerer Wohnungen saß und eine Woche später begann ein neues Leben. Es gab im Freundeskreis ständig Umzüge, fast so häufig wie Partys. Das Leben bestand quasi nur aus Partys und Umzügen und auf den Straßen flitzten die Transporter von *Robben & Wientjes* hin und her.

Gut erinnere ich mich an die Auszugspartys. Man hat bis 4 Uhr in der Nacht gefeiert, dann den ganzen Müll liegengelassen, die drei Kartons mit Wäsche und Unterlagen und die CD-Sammlung gepackt, ist mit der *Robbe* in die neue Wohnung gefahren, hat die drei Kartons und die CD-Sammlung irgendwo abgestellt und dann gleich eine Einzugsparty gefeiert.

Es klingelt wieder an der Tür. Meine Güte, können die nicht vorsichtig sein, wenn sie den Schrank hochtragen? Oder steht etwa der neue Mieter, die Mieterin vor der Tür, um sich vorzustellen? Das ist ja heute nicht mehr üblich. Irgendwann trifft man im Hausflur ein neues Gesicht oder die Leute holen Pakete ab und eventuell kommt man ins Gespräch.

Ich habe mich damals auch nicht vorgestellt, als ich hier eingezogen bin. Ich habe gedacht, im Laufe der Zeit ergibt sich das, wenn man sich im Flur grüßt. Nach all der Zeit kann ich sagen, ich kenne das ganze Hinterhaus. Ich weiß zwar nicht, wie die heißen und was sie so machen, aber wir kennen uns.

Bei der Gelegenheit: Die eine Frau aus dem Vorderhaus hat mich nie gegrüßt, aber vor zwei Tagen hat sie mal genickt, als sie auf dem Bürgersteig an mir vorbeigegangen ist. Ich denke, jetzt ist das Eis zwischen uns gebrochen.

Was einem Umzug heutzutage auch im Weg steht, ist der Freundeskreis. Ich muss gestehen, ich kenne nicht mehr viele Leute, die bei einem Umzug helfen würden. Aber das geht nicht nur mir so. Die Leute haben ja auch keine Freunde mehr, keine Zeit und auch keine Lust. Wenn die umziehen, dann rufen die bei einer Nummer von den Flyern an, die man jede Woche im Briefkasten findet. Die tragen auch den Erbschrank von der Großmutter in den 5. Stock, ohne zu maulen. Und die Umziehenden stehen daneben und sind froh, dass sie die Leute bezahlen, weil die dann ja nicht motzen können, wenn ihnen etwas zu schwer oder zu sperrig ist. Eventuell geben sie noch einen Zehner Trinkgeld und das war es dann. Keine Schnittchen oder Pizzen und keine Kiste Bier. Einfach die Tür zuschlagen und dann einziehen. Ist viel angenehmer, als bei Bekannten hausieren zu gehen. Die reagieren nicht auf Textnachrichten, in denen das Wort „Umzug" vorkommt. Oder es tut ihnen leid, an dem Tag haben sie einen wichtigen Termin, den sie nicht absagen können, aber ansonsten gerne oder sie schicken einen Screenshot einer Krankschreibung wegen Rücken.

Es klingelt wieder an der Tür. Ich glaube, ich geh jetzt mal hin und motze die an. Im vergangenen Jahr hat es dreimal an der Tür geklingelt und ich habe nicht aufgemacht.

Wenn ich den neuen Mietern später mal im Flur begegne, werde ich denen klar machen, wie die Regeln hier im Haus sind. Wir sind ein ordentliches Haus. Partys müssen durch Aushänge angekündigt werden, dauern höchstens bis 2 Uhr und dürfen nur einmal im Jahr abgehalten werden. Lautes Hören von Musik ist unerwünscht, außer es handelt sich um gute Musik und übermäßige Bewegung im Treppenhaus und damit die Erzeugung von Lärm ist nicht gern gesehen. Wenn die das nicht akzeptieren, sollen sie gleich wieder wegziehen.

Vielleicht denken die Neuen auch so? Dann muss ich nicht aufstehen und das jetzt klären. Wir sehen uns im Flur, sagen Hallo und vielleicht bleibt ja irgendwann mal eine Minute übrig, um zu besprechen, was nötig ist.

Irgendwann höre ich keine Schritte mehr im Flur. Ob es vielleicht doch eher ein Auszug war?

Kann sich doch keiner heutzutage leisten, denke ich mir.

DINGE IN MEINER WOHNUNG, MIT DENEN ICH NICHTS MEHR ANFANGEN KANN

7. Der Baseballschläger

Ich kann mich noch schwach daran erinnern, wie ich mit ein paar meiner Heimatkumpels in den riesigen Hallen von Toys „R" Us stand und wir uns gewundert haben, wie es so etwas geben kann. Wir stammten alle aus einem 4.500-Seelen-Kaff in Rheinland-Pfalz und waren nach Köln gefahren, um nun in einem riesigen Kaufhaus für Spielzeug und Sportartikel zu stehen. Staunend liefen wir durch die Gänge, fassten sprechende Puppen und die ersten Spielzeug-Computer an und waren sicher, dass wir was kaufen mussten, um dem Stamm zuhause zeigen zu können, dass wir in einem verdammt verrückten Laden gelandet waren.

Ich weiß nicht mehr, was die anderen mitnahmen und ob sie damit glücklich wurden, aber ich entschied mich für einen Baseballschläger, der seitdem, also etwa 33 Jahre, mein Leben begleitet. Seitdem rätsele ich darüber, warum ich ihn damals gekauft habe. Wollte ich auf der jährlichen Kirmes ein paar Bauernsöhne aus den umliegenden Dörfern totschlagen und damit Tina aus Bergnassau-Scheuern beeindrucken? Wollte ich meine Kumpels übertreffen, die sich in ihrer grenzenlosen Einfallslosigkeit vermutlich für Fußbälle entschieden hatten, während ich das Spielgerät einer exotischen Sportart auswählte? Baseball gab es in meiner Heimat nicht, aber jeder kannte den Prügel aus Zombiefilmen. Fürchtete ich damals eine bevorstehende Zombie-Apokalypse? Die Filme von George A. Romero hatte ich gesehen und es ist gut möglich, dass ich seinerzeit proaktiv (den Begriff gab es damals noch nicht) sichergehen wollte, für eine etwaige Katastrophe gerüstet zu sein.

Passiert ist seitdem nichts und für den Prügel habe ich auch keine andere Verwendung gefunden. Es gibt in Berlin sicherlich eine Baseball-Mannschaft. Bei der sollte ich anheuern und würde mein Spielgerät gleich mitbringen. Das wäre so ziemlich das Beste, was ich aus der Situation machen kann, aber weil alles daran sinnvoll ist, werde ich es nicht machen. Die Corona-Pandemie hatte in ihrem Verlauf Ähnlichkeiten mit einer Zombie-Apokalypse, aber klassische Zombies hat es nicht gegeben, nur Millionen Erkrankter und Tote und einen Haufen Irrer, die einem mit ihren Verschwörungstheorien auf den Keks gingen. Aber gegen die mit dem Schläger vorzugehen, wäre mir nie in den Sinn gekommen.

Neulich hätte ich beinahe den Schläger mal aus der Wohnung getragen, bin aber an meiner Feigheit gescheitert.

Im Hauseingang meiner Partnerin lungern öfter mal so ein paar Burschen herum und verkaufen Drogen. So gesehen sind sie keine direkte Gefahr, aber sie nerven.

Halb im Scherz, halb im Ernst schlug ich vor, mal mit dem Baseballschläger aufzukreuzen und damit ein Zeichen zu setzen. Aber ich habe es dann doch gelassen. Gut möglich, dass sie nicht eingeschüchtert von dannen geschlichen wären, sondern sich auf mich gestürzt hätten und ich letztendlich halbtot auf dem Bürgersteig liegengeblieben wäre.

Außerdem läuft man, selbst im Wedding, nicht mit einem Baseballschläger durch die Straßen. Ein Streife laufender Zivilpolizist würde einen gleich anhalten, aus Furcht, man wäre der Mob, der in der Müllerstraße alles kurz und klein schlägt und eine Revolution beginnt.

Was also tun? Wegschmeißen will ich ihn nicht, wäre ja auch schade um das Geld, das ich dafür ausgegeben habe. Einfach jemanden totschlagen und im Gefängnis landen? Bin ich nicht der Typ für.

Das Beste wird wohl sein, ich hoffe weiter auf eine Zombie-Katastrophe. Ich habe jetzt so lange darauf gewartet, dann muss es ja bald so weit sein. Dann wickele ich Stacheldraht um den Schläger, gebe ihm einen Frauennamen, werde verrückt und böse, herrsche über die Überlebenden und gründe ein Kalifat. Klingt gut.

Bis es so weit ist, werde ich noch den einen und anderen Moment darüber grübeln, warum ich diesen verdammten Baseballschläger damals gekauft habe, einfach weil ich es so gewohnt bin.

8. Türkischer Heiltee

Bei einem Urlaub in Antalya vor vielen Jahren erwarb ich von einem überschwänglich freundlichen Herren zwei Plastiktüten mit weißem und grünem Teepulver. Das eine sollte gegen Erkältung generell und alle denkbaren Erkrankungen helfen, das andere, mit einem stechenden Geruch nach Eukalyptus, gegen Husten und Halsschmerzen.

Man sollte meinen, man hätte im Urlaub Besseres zu tun, als Gesundheitstees zu kaufen, aber wie der Zufall so wollte, war ich auf einem Basar und ein Stück weit verwirrt von der Betriebsamkeit der Händler, die im schlechten Englisch mit deutschen Wortfetzen ihre Waren feilboten. Das Ganze wäre auch nicht weiter der Rede wert gewesen, wenn ich nicht von dem weißen Pulver fünf Kilogramm für einen vermutlich absurd hohen Preis gekauft hätte. Keine Ahnung, wie es dazu gekommen ist. Er oder ich oder wir haben was falsch verstanden und ich habe keine Einwände gehabt, weil ich nicht kapiert habe, worum es überhaupt ging.

Meine Partnerin begrüßte es, dass ich in meine Gesundheit investiert hatte, aber die Menge fand sie übertrieben.

Gut möglich, dass ich in dem Moment gedacht habe, dass ich nie wieder die Gelegenheit bekommen würde, ein derart reines

Naturprodukt aus dem anatolischen Bergland erwerben zu können und da ich ohnehin ein Vorratsmensch bin, kam da das eine zum anderen.

Die Vorstellung, ich kaufe die Erzeugnisse einer 200-jährigen, kerngesunden Kräuterhexe aus einem Dorf im Hinterland, die sich selbstverständlich durch den Konsum ihrer eigenen Pulver gut gehalten hat, war einfach faszinierend.

Zurück in Berlin habe ich extra zwei Tupperdosen gekauft, um den Geruch zu konservieren, der ja für sich genommen eine Erinnerung, ein Souvenir an die Reise darstellte.

Ich habe die Pulver auch genommen, wenn sich eine Gelegenheit dazu ergab. Das Heilmittel löste sich in heißem Wasser gut auf, der Eukalyptus-Geschmack schien mir natürlich und heilend zu sein, aber es blieben in der Tasse so Reste von Eukalyptus-Ästen übrig, die mich manchmal zweifeln ließen, ob das wirklich so ein reines Produkt war oder ob die in den Dörfern einfach allerlei vom Boden aufgesammelt und in den Mixer getan haben, um es anschließend für gutes Geld an tölpelhafte Touristen zu verkaufen.

Seit drei Jahren habe ich das Zeug nicht mehr angerührt, weil ich bei Bedarf dann doch irgendwelche Sachen aus der Apotheke geholt habe, weil das für einen Durchschnittswesteuropäer die tradierte Form der Heilung von Gebrechen aller Art ist. Von dem grünen Pulver mögen noch so 500 Gramm übrig sein, von dem weißen drei Kilogramm.

Als ich das letzte Mal reingeschaut habe, waren die Pulver verklumpt. Ich denke nicht, dass sie noch brauchbar sind. Jedes Mal, wenn ich in der Küche stehe und zu den zwei Vorratsdosen oben auf den Schrank schaue, denke ich mir, dass der Händler noch heute von dem Geschäft seines Lebens schwärmt. Gott sei Dank, habe ich vergessen, wie viel ich damals dafür bezahlt habe.

UM DIE ECKE SCHAUEN

Tag 1:

Die Kumpels haben mich ja oft davor gewarnt, abseits der üblichen Routen unterwegs zu sein. Im Keller sei es doch schön, meinten sie, da sei es warm, es gebe zu essen und mit den Ratten lässt es sich aushalten, solange sie nicht wieder Amöbenruhr haben und wahnsinnig sind.

Aber ich bin halt abenteuerlustig. Da schlüpfe ich mal in Löcher, schlängele mich empor und dann lande ich in der Wohnung von so einem Menschen. Ich kann sagen, ich kenne inzwischen das ganze Haus, Vorderhaus, Seitenflügel und Hinterhaus. Ich verkrieche mich meist hinter einem Ofen oder Kühlschrank und höre den Menschen zu. Daher weiß ich beispielsweise auch, was ein Hinterhaus ist oder ein Krümelfach. Dem Menschen, bei dem ich heute eingezogen bin, habe ich mich eben vorgestellt. Habe ein bisschen Rabatz an seinen Pflanzen auf dem Fensterbrett gemacht, bin dann in den Unterschrank unter das Fensterbrett gehuscht und habe ihn beobachtet. Grübelnd stand er da und hat dann gesagt: „Das hatte ich vor ein paar Jahren schon mal."

Tag 3:

Ich habe schon hinter besseren Öfen gesteckt und gemütlich ist es auch nicht. Alles voller Dreck. Am Küchentisch hängt ein Stromkabel von einem Radio herunter, da klettere ich nachts hoch und schaue mich nach was Essbarem um. Das Brot steckt in einer durchsichtigen Plastiktüte, aber um das Brett herum ist alles voll mit Krümeln. Wenn ich wollte, wäre die Tüte kein Hindernis für mich. Ich könnte sie in Sekunden zerfetzen. Aber wir dürfen unsere wahre Natur den Menschen gegenüber nicht zeigen, denn irgendwie finden sie uns ja niedlich.

Wenig später steht wieder der Mensch in der Küche, schaut sich um und überlegt. Ich glaube, er will mich nicht hier haben. Wahrscheinlich denkt er darüber nach, sich eine Katze zuzulegen, aber die müsste er ja dann behalten und das will er nicht.

Tag 4:

Es ist immer wieder erstaunlich, wie wenig Aufmerksamkeit die Menschen dem Krümelfach ihres Toasters entgegenbringen. Für mich ist das wie ein Futtertrog, vor allem, wenn das Fach randvoll ist und an den Seiten alles runterfällt.

Am Morgen betrachtet der Mensch misstrauisch den Toaster, weil etwas anders ist als sonst. Ich habe mich ausgetobt und vor lauter Freude über das reichhaltige Mahl alles vollgeschissen.

Tag 5:

Der Mensch hat das Krümelfach gesäubert. Nachts hat er mich dabei erwischt, wie ich auf dem Küchentisch seinen Brotvorrat inspiziert habe. Ich bin vor seinen Augen an dem Kabel runtergeklettert und wieder in mein Ofen-Versteck gehuscht. Daraufhin hat er das Kabel gepackt und auf den Tisch gelegt. So ein Mist, jetzt muss ich essen, was ich auf dem Fußboden finde. Ich beobachte, dass er nun nach jedem Frühstück die Krümel wegmacht. Er gönnt mir nichts.

Gegenüber vom Küchentisch steht die Waschmaschine. Die muss ich meiden. Ich bin mal in der Trommel gewesen und nicht rechtzeitig rausgekommen. Danach bin ich eine Weile zickzack gelaufen. Da wäre ich sogar ein Opfer für die halbblinde Taube gewesen, die sich in einer ehemaligen Außentoilette im Seitenflügel eingenistet hat. Okay, Tauben ernähren sich pflanzlich, aber in dem Zustand hätte mir jeder den Garaus machen können.

Tag 7:

Natürlich muss ich damit rechnen, dass der Mensch Fallen aufstellt. Eine Lebendfalle wäre ein Zeichen des gegenseitigen Respekts. Ich gehe rein, er bringt mich in den Hof und ich haue ab zu meinen Kumpels.

Aber ich glaube, der Mensch ist nicht der Typ dafür. Er besorgt sich bestimmt im Baumarkt Totfallen. Doch vielleicht ekelt er sich, mich tot zu sehen und will die Falle dann nicht mehr anfassen. Ich glaube, der ist so ein Typ. Ich muss auf der Hut sein.

Er sitzt oft am Computer. Wahrscheinlich schaut er, was der Markt alles anbietet.

Tag 10:

Oh nein. Er hat Geld investiert, viel Geld investiert. Diese Steckdosen-Dinger, die Geräusche machen, die Menschen nicht hören können. Ist auch besser so, dass der Mensch das nicht hören kann. Er würde sonst verrückt werden. Nur ich soll es hören und damit vertrieben werden und die Chancen stehen gut. Das Fiepen der Steckdosen-Dinger klingt wie „Cherry, Cherry Lady“ in Endlosschleife. Niemand kann lange Modern Talking hören, ohne einen Schaden zu bekommen. Modern Talking ist wie die Amöbenruhr bei den Ratten.

Das mit der Musik hat der Herr Kasulke aus dem Vorderhaus mal probiert, als er mich und meine Kumpels aus dem Keller vertreiben wollte. Hat er auch geschafft. Der hat ein Gerät mit einem „Best of“-Mix von Modern Talking in den Gang gestellt und das verdammte Ding zwei Wochen lang laufen lassen.

Aber dann wurden die Ratten sauer und sind alle auf das Gerät drauf, bis es Ruhe gegeben hat. Wir konnten danach aus der Küche vom Christencafé wieder raus. Die Christen haben uns geduldet, aber die Gesänge waren fast so schlimm wie der Lärm im Keller.

Tag 17:

Ich spüre, dass es bald Frühling wird. Ich glaube, das ist das Einzige, was ich noch spüre, nein, das ist noch was: der Wille zur Flucht. Oder bleibe ich hungrig hier hocken, bis ich sterbe? Aber wer will schon bei den Klängen von Modern Talking das Zeitliche segnen? Wenn der Frühling kommt, werde ich verschwinden. Irgendwohin, wo es diese Musik nicht gibt. Gibt es einen solchen Ort in der Welt?

Tag 19:

In dem Menschen scheint ein Rest Mitleid zu stecken. Er lässt jetzt öfter die Wohnungstür auf. Ist ja eher unüblich, die Wohnungstür zu öffnen und sich dann wieder an den Computer zu setzen. Anfangs habe ich es für eine Falle gehalten, aber inzwischen denke ich anders. Ich sollte es wagen, sonst ist es zu Ende mit mir.

Tag 20:

Ich habe die Gelegenheit genutzt und bin durch die offenstehende Tür abgehauen. Ich wünsche dem Menschen, dass sein verdammtes Steckdosen-Gerät eine Fehlfunktion hat und er diesen Mist hören muss. Vielleicht mag er die Musik sogar? Die Vorstellung ist unerträglich.

Ich werde bis zum Winter warten, bis ich meine Exkursionen fortführe. Ich muss vergessen, diese unsägliche Melodie vergessen. Und sollte es mich noch mal zufällig in diese Küche verschlagen, werde ich augenblicklich kehrtmachen und mich in der finstersten Ecke des Kellers verkriechen.

SHOULD I STAY OR SHOULD I GO

Eine SMS von meinem langjährigen Kumpel Christian erreicht mich. Er ist der Einzige, der noch ein Handy hat und SMS schreibt. Mit dem Internet hat er es auch nicht so. Etwa viermal im Jahr klinkt er sich ins WLAN der Nachbarin ein und schaltet einen altersschwachen Computer ein. Eigenartig, aber auch bewundernswert. Ich lese:

> Heute spielt Ronnys Reste Rampe ein Konzert. Im „Arschschweiß". Um 19 Uhr geht es los. Wäre geil am Seil, wenn du es schaffst.

Seine Band macht Punk oder irgendetwas in der Richtung. Wenn wir uns treffen und er mir was vorspielen will, wechsele ich das Thema. Dabei war Punk in jungen Jahren mein musikalischer Begleiter beim Erwachsenwerden. Aber inzwischen stehe ich mehr auf Jazz, Weltmusik, amerikanische Liedermacher, gerne auch mal mit Countryeinschlägen und die eine und andere deutschsprachige Band wie *Von wegen Lisbeth* oder *Bukahara*. Das ist alles meilenweit entfernt von Punk und das kennt Christian auch alles nicht.

Trotzdem klingt seine SMS verlockend. Ich könnte die alte Lederjacke, die angeblich mal eine Nazi-Uniform gewesen ist, aus der Ecke holen, in der sie steht. Ist komisch, dass ich die noch aufbewahre. Die Jacke ist nach allen bürgerlich modischen Maßstäben hinüber. In die Innenseite habe ich mal ein Stück Stoff mit Sicherheitsnadeln befestigt, um eine Innentasche zu haben. Die Jacke habe ich damals getragen, als Christian und ich in den Kellern von besetzten Häusern Punkkonzerten gelauscht und uns mit Dosenbier weggeschädelt haben, um später in den Tiefen der Nacht verlorenzugehen.

Ich ziehe die Jacke an und stelle mich vor den Spiegel. Gott sei Dank ist es schon dunkel. Wenn mich jemand so sieht, wird Monate über mich getuschelt. Ich nehme eine Schere und schneide ein paar Löcher in die Hose. Aus einem Schrank nehme ich ein Paar verbeulte Bundeswehr-Stiefel, die ich schon seit Jahren wegschmeißen will. Ich nehme das älteste Hemd, das ich finden kann, ziehe es einige Male durch den Mülleimer und streife es mir über.

Dann stehe ich wieder vor dem Spiegel. Es ist ein Wunder. Abgesehen von den Verwüstungen des Alters, sehe ich aus wie mit 24 Jahren. Ich bin bereit.

Im Spätkauf kaufe ich mir ein Wegbier. Das billigste, was sie da haben. Dankenswerterweise ist hinter der Kasse ein neuer Helfer, der mich noch nicht kennt. Auf dem Weg zur U-Bahn halte ich am Dönerstand und besorge mir die Fleischtasche mit Knoblauchsoße.

Dann mache ich mich auf den Weg nach Friedrichshain und esse den Döner selbstverständlich erst in der S-Bahn, weil ich als freier Mensch mein Essen da verspeise, wo es mir gefällt. Die Soße tropft auf den Boden. Mensch, da hat der Dönermann nicht dran gespart.

Eine Stunde später stehe ich vor einer Bühne im „Arschschweiß". Der Laden wird seinem Namen gerecht, ohne dass ich es näher beschreiben kann. Vermutlich ist er illegal und gehört geschlossen, denn ich kann weder einen Feuerlöscher noch einen Notausgang ausfindig machen. Als ich zur Toilette gehe, fängt meine Corona Warn-App wild an zu vibrieren und zeigte mir mehr als 2.500 Kontakte mit hohem Risiko an.

Vor der Bühne stehen etwa dreißig Punks, die Mehrzahl jung, einige in meinem Alter, denen man aber ansieht, dass sie ihre Klamotten nicht aus dem Schrank geholt haben. Christian steht am Mikrophon und brüllt was rein. Ich verstehe kein Wort. Die Menge johlt und fängt an zu pogen oder zu moshen, je nachdem. Natürlich werde ich angerempelt und lasse mein inzwischen viertes Wegbier fallen. Ich rempele zurück und prompt bin ich im Zentrum der Aktivität. Mir wird schwindelig und ich merke, wie der Knoblauch-Döner hochkommt. Ich entlasse ihn, direkt in das Gesicht einer jungen Punkerin. Sie schaut mich erst verblüfft an, dann speit sie zurück. Irgendwas mit Auberginen, schätze ich mal.

Ich lasse mich treiben, während ein Teil von mir darauf drängt, die Örtlichkeit schnellstmöglich zu verlassen. Bierfontänen steigen auf, ständig rutsche ich auf etwas aus, was Bier oder Erbrochenes sein könnte. Mit Mühe schaffe ich es zur Theke und ordere ein Bier für einen Euro. Mein Gott, ein halber Liter für einen Euro, das Punk-Paradies muss schön sein. Ich trinke das Bier auf ex und muss rülpsen, so laut, dass es den Krach der Band zu übertönen scheint. Ich hole noch ein Bier und tauche wieder in die Menge. Ich bespucke die Leute mit Bier, die Leute bespucken mich mit Bier. Das muss dieses wahre Leben sein, von dem manche Leute erzählen.

Eine Stunde später zerstreut sich die Menge und ich bleibe völlig erschöpft auf dem Boden liegen, alle viere von mir gestreckt. Es fühlt sich so gut an, es fühlt sich so an wie damals.

Mühsam komme ich hoch, die junge Punkerin, die ich angekotzt habe, hilft mir auf. Im Gegensatz zu mir hat sie sich noch irgendwie „frisch gemacht". Sie wischt mir mit einem Taschentuch das Gesicht ab. Wir gehen zusammen zur Theke und trinken ein paar „Schmieröl", die es für 50 Cent pro Glas gibt.

Am nächsten Morgen bin ich dann bei ihr aufgewacht, in irgendeiner WG irgendwo in Berlin. Die Mitbewohnerin hat Geburtstag und startet eine Party. Es ist gegen 11 Uhr und eine große Flasche „Angelsbacher Klarer" geht herum. Der Akku meines Smartphones zeigt 20%. Mir wird einen Moment angst und bange, denn ich lasse den Akku meines Smartphones nie unter 50% sinken.

Aber dann denke ich mir, Scheiß drauf und nehme einen großen Schluck. Keine Ahnung, wann ich wieder zuhause sein werde, es wird mit jedem Glas unwichtiger.

Ich kann leider nicht kommen, habe heute schon eine Verabredung, schreibe ich und schicke die SMS ab. *Aber sag mir nächstes Mal auf jeden Fall Bescheid*, füge ich noch hinzu, um mein schlechtes Gewissen zu beruhigen, denn ich habe keine Verabredung.

Irgendwann werden sie ja noch mal spielen und wenn Christian mir Bescheid sagt, dann bin ich dabei. Ganz bestimmt.

BIG CARD IS WATCHING YOU

Vor einer Weile hatte ich einen Artikel über Macht und Missbrauch von „Big Data“ gelesen und es mag Zufall sein, dass eine Discounter-Kette just am selben Tag in Berlin/Brandenburg ihre digitale Kunden-Karten-App, oder wie auch immer das Ding heißen mag, auf den Markt brachte.

In dem Artikel ging es darum, dass solche Kundenkarten-Apps im großen Maßstab Daten über den Käufer, also speziell sein Einkaufsverhalten, abfischen und der Mensch damit zunehmend gläsern wird. Nee, habe ich damals gedacht, nee, mit mir macht ihr das nicht.

Ich gehe regelmäßig zu dem Discounter und habe monatelang zugesehen, wie Leute ihr Telefon gegen einen eigens dafür angebrachten Scanner hielten. Auf die Nachfrage der Kassenkräfte, ob ich denn schon die App verwenden würde, habe ich mit „Nein“ geantwortet und das in einem Tonfall, der deutlich machte, dass sie sich die Frage künftig sparen konnten. Was sie aber, natürlich, nicht gemacht haben.

Ich bin der Meinung, dass gewisse tradierte Handlungen beim Einkaufen nicht von neumodischem Internet-Gedöns verdrängt werden sollte. Dazu zählen für mich die ausschließliche Nutzung von Bargeld, die Mitführung eines Einkaufswagens und der Gebrauch eines Warentrenners. Gut, die letzten beiden Punkte sind bislang nicht gefährdet auszusterben, aber es zählt – wehret den Anfängen. Und was gar nicht geht: Es hat den Markt nicht zu interessieren, was ich einkaufe, wann ich einkaufe und wo ich einkaufe. Und ich möchte kein „Einkaufserlebnis“. Das letzte Mal, dass ich beim Einkaufen Freude empfand, ist 45 Jahre her.

Es wird Zeit für was Neues, denke ich mir am Ende des Jahres. Diesen merkwürdigen Gedanken habe ich stets am Jahresende.

Mal frischen Wind in mein Leben bringen, mal was Verrücktes machen, alte Gewohnheiten durch neue ersetzen. Meist bereue ich das bald darauf. So auch jetzt, als ich zuschaue, wie mein Telefon die Discounter-Kunden-Karten-App installiert.

Ausschlaggebend war wohl, dass ich durchaus ein Freund von Rabattsystemen und Punkte sammeln bin, aber nur, wenn ich den Laden, wo derartiges angeboten wird, überdurchschnittlich häufig besuche. Und ich bin häufig in diesem Discounter, weil es dort Schinken-Käse-Croissants gibt. Für ein Schinken-Käse-Croissants würde ich meinen besten Freund verraten, einen Menschen töten, meine Beziehung aufgeben, meine Seele dem Teufel verkaufen und, ja auch das: die Discounter-Kundenkarten-App installieren.

Nach kurzer Zeit bin ich frustriert. Die App bietet nichts, was mich in den Laden treibt. Habe ich das etwa wirklich erwartet? Hat mich etwa wieder mal meine grenzenlose Naivität, die mich glauben lässt, die Welt wäre ein Paradies voller Gerechtigkeit und Liebe, verarscht?

Da gibt es das Rubbel-Los, das man nach jedem Einkauf erhält. Also stehe ich vor der Filiale und rubbele wie bekloppt auf dem Display herum und was bekomme ich? Einen Rabatt auf Streuselkuchen. Ich kaufe niemals Streuselkuchen. Aber es wird eine Menge Nutzer dieser App geben, die sich just nach dem Freirubbeln umdrehen, wieder den Markt betreten und diesen gottverdammten Streuselkuchen kaufen werden. Ich habe diesen Gedanken nicht. Was stimmt mit mir nicht?

Wenn die App meine Daten übermittelt und damit mein Einkaufsverhalten analysiert, warum bekomme ich keinen Rabatt für Schinken-Käse-Croissants angezeigt?

Was mir weiterhin auffällt, ist, dass die Vergünstigungen nur einen prozentualen Rabatt anzeigen, aber keinen Vorher-Nachher-Preis. Ich kann den ursprünglichen Preis nur in der Filiale herausfinden oder vielleicht auf der Website. Habe ich Zeit dafür? Lust?

Warum sehe ich keinen Vorher-Nachher-Preis? Überall, bei jedem Angebot, steht das. Ich will, verdammt noch mal, einen Vorher-Nachher-Preis! Zwei unterschiedliche Preise, und der Kunde denkt sich: „Boah geil, kaufe ich." Warum sehe ich eine Packung Kaffee und daneben steht *14% gespart* – wenn ich den Coupon aktiviere. Geil wäre ja, wenn der Discounter diese 14% auf den ursprünglichen Preis draufschlägt und ihn an der Kasse wieder abzieht. LOL.

Und wieso kriege ich Coupons mit Rabatten für Milchreis, Lauchzwiebeln und Schokodrinks? Ich hasse Milchreis, Lauchzwiebeln und Schokodrinks. Ich will Coupons für Bier in Plastikflaschen, Tiefkühlpizza, Bolognese im Glas, Emmentaler-Käseblock und natürlich, ihr wisst schon.

Ist es denn so, dass der Algorithmus der App so funktioniert wie alle Algorithmen? Sie funktionieren zwar, aber nicht richtig. Sind die Rabatte womöglich für Margarete Kasulke aus der Kameruner Straße gedacht, die den Vormittag immer am Küchentisch verbringt, und hektisch über das Display ihres Telefons wischt, gelegentlich ein „Boah, Alter, ist das geil" von sich gibt und die für Milchreis und Lauchzwiebeln ihre beste Freundin verraten, ihren Mann vergiftet und dem Teufel ihre Seele verkauft hat?

Und dann gibt es noch den *Rabattsammler*, der Mehrwert schaffen soll und mich nur zum, sage ich es mal so, „schmunzeln" bringt. Mit jeder Einkaufssumme nähert sich der dumme Kunde monatlichen Zielmarken, die ihm „ungeheure" Vergünstigungen ermöglichen. Ab 30 € Einkaufswert gibt es gratis eine Packung Geflügel-Salami oder Weichkäse, ab 75 € gibt es 50 Cent Rabatt auf den gesamten Einkauf, ab 150 € Bio-Kräuter oder Orangensaft und ab 400 € Einkaufswert gibt es satte 4 € Rabatt. Ist das zu fassen?!

Ich müsste das Doppelte meines derzeitigen Monatsbudgets bezahlen, um 4 € zu sparen. Es ist kein Wunder, dass die Zahl der Privatinsolvenzen hierzulande steigt angesichts solch verlockender „Impulse". Es widerspricht jeder angeborenen

Cleverness, jedem Gespür zum Geschäftemachen, diese Angebote auch nur im Geringsten *vorteilhaft* zu nennen.

Die Eigentümer des Discounters sind sehr vermögend, um nicht zu sagen, stinkreich und offensichtlich sind sie auch sehr geizig. Gut, wenn ein Kunde nur 30 € im Monat im Laden lässt, dann ist er kein guter Kunde. Da reicht eine Packung Geflügel-Salami, um ihn glücklich zu machen. Aber mal angenommen, es gäbe 15 € bei monatlich 400 €, da wäre Frau Kasulke doch die Erste in der Schlange, um Milchreis und Schokodrinks als Prepper-Reserve einzukaufen.

Vielleicht gibt es einen Unterschied zwischen Stadt und Land? In der Stadt geht man nach der Arbeit noch schnell in den Discounter, während man auf dem Land nur einen Einkaufstag kennt – den Black Super Samstag. Da wird der Kofferraum vom SUV geleert, die ganze Familie reingequetscht und ab in die große Stadt. Da dauert der Einkauf schon mal vier Stunden, drei Einkaufswagen werden in Kette verbunden und alle sind für eine Woche Katastrophenfall gewappnet. Und am Ende des Monats gibt es eine Familienfeier mit anschließender Auspeitschung derjenigen, die bei einer anderen Ladenkette eingekauft haben – und das wegen 4 € Ersparnis.

Ich habe Geburtstag und die App ist so nett und spendiert was zu meinem Ehrentag. 3 € Rabatt auf einen Einkauf im Wert von 30 €. Ich kaufe nie für 30 € ein. Was sollte ich auch besorgen? Ob ich an meinem Geburtstag mal die Sau rauslassen soll? Eine Schlagbohrmaschine oder ein Keller-Stauregal aus dem Wochenshop? Wo ich zuhause doch nichts zu bohren habe und keinen Keller nutze. Und dafür bezahle ich dann 3 € weniger?

Ob ich künftig Hausverbot haben werde, weil ich gerade die App deinstalliere? Kann mir egal sein, es gibt ja noch andere Discounter im Kiez. Apropos andere Discounter. Haben die nicht auch irgendwelche Karten oder Apps? Reizen tut mich das Ganze ja schon, aber es muss sich halt lohnen.

UND DANN WAR DA NOCH ZAHN 36

Ich sage niemandem etwas Neues, wenn ich behaupte, dass 2020 ein Scheißjahr gewesen ist. Erst hatte ich eine Krebsoperation, dann brachte Corona alles durcheinander, dann schloss mein Lieblingsdiscounter wegen Umbau und seit er wieder geöffnet hat, finde ich ihn so schrecklich, dass ich da nicht mehr hingehen will. Und am Ende des Jahres dann Zahn 36, irgendwo links unten zwischen vorne und hinten, der dachte, jetzt wäre es an der Zeit, sich mal zu melden, und zwar „lautstark". Das bedeutete eine Wurzelspitzenresektion.

Wurzelspitzenresektionen werden nicht von einem ordinären Zahnarzt behandelt, Wurzelspitzenresektionen sind die Champions League unter den Zahnerkrankungen und dafür braucht es einen Kieferchirurgen, quasi den Navy SEAL unter den Dentalberufen. Solche Spezialisten haben ihre Praxen nicht in so Slums wie dem Wedding, sondern im piekfeinen Westend, wo die Straßen mit Gold asphaltiert sind, Herumlungern mit dem Tode bestraft wird und die Leute im Monat so viel verdienen wie ich in meinem ganzen Leben.

So sitze ich also auf einem Arztstuhl in der Praxis Dr. Dr. Huschmandi und Kasulke und hoffe, dass Dr. Dr. Huschmandi mich behandelt. Sein Kompagnon Herr Kasulke hat einfach nur ein *Herr* als Anrede und keinen Doktortitel oder sonst etwas, was auf eine Dentalfachkraft-Ausbildung schließen lässt. Dankenswerterweise haben beide ihren Lebenslauf auf der Website der Praxis stehen, ein Service, den ich zu schätzen weiß, denn ich will schon ermessen können, was jemand auf dem Kasten hat, wenn ich mich unter seine Fittiche begebe. Herr Kasulke könnte schließlich umgeschulter Fassadenpfleger sein oder Stuckateur. Laut Lebenslauf hat er eine ordentliche Ausbildung und Laufbahn als Mediziner, aber mich verwirrt weiterhin, dass er keinen Doktortitel trägt. Wie das Schicksal es so will, werde ich ihm zugeteilt.

„Sie sind Angstpatient, Herr Rescue?“

Ich nicke.

„In dem Fall könnten wir zusätzlich zur Betäubung noch ein Beruhigungsmittel verabreichen. Es gibt da verschiedene Möglichkeiten. LSD, Koks oder synthetische Sachen wie Kutan oder Tavor. Bei den synthetischen Mitteln müssen Sie höllisch aufpassen, dass Sie nicht abhängig werden und auf die schiefe Bahn geraten. Also Diebstahl, Erpressung, Einbruch in Apotheken und Arztpraxen oder Prostitution.“

Er schaut mich genauer an.

„Also, Prostitution eher nicht. Wir würden 1 Milligram verabreichen, aber das ist schon hart an der Grenze. Ich muss Sie noch darauf hinweisen, dass wir hier eine Operation durchführen, die nicht von der Krankenkasse abgedeckt wird. Das heißt, Sie müssen selbst zahlen. Angesichts der im Patientenbogen vermerkten Adresse muss ich fragen: Können Sie zahlen?“

Ich denke kurz nach. Bald wird die Novemberhilfe von der Bundesregierung freigegeben. Bestimmt bekomme ich eine Million Euro Verdienstausfallentschädigung überwiesen.

„Okay, das kann ich zahlen. Und ich nehme das Milligramm Tavor dazu. Das klingt von Namen her gut.“

Die Operation ist eine Woche später. Davor muss ich eine Einverständniserklärung unterschreiben. Ich soll das spätestens 24 Stunden vor dem Eingriff machen, nüchtern im Sinne von *drogenfrei* sein und dementsprechend über die bestmöglichen geistigen Kräfte verfügen, um mein Einverständnis zu geben. Was ich auf gar keinen Fall machen darf, laut eindringlichem Hinweis der Sprechstundenhilfe, ist meine Unterschrift zu leisten, während ich auf dem Weg zur Operation bin oder auf den Treppen hoch zur Praxis. Auch nicht beim Frühstück oder nach der Dusche. Das ist verboten, weil es unter der 24-Stunden-Frist liegt.

Ich weiß nicht, ob die Arzthelferin irgendwie erkennen kann, ob eine Unterschrift vor 24 Stunden geleistet wurde oder vor 13 Minuten. Wer weiß, vielleicht haben die so einen Scanner, der das anhand des Trocknungsgrades des Kugelschreibers erkennen kann.

Der Aufklärungsbogen kommt mir bekannt vor. Aus der Klinik im Februar bei der Krebs-OP. Es gibt so einen medizinischen Fachverlag, der diese Bögen herstellt. Immer das gleiche Layout, aber natürlich unterschiedlicher Text und jeweils andere Bebilderung. Ich stelle mir in diesem Moment den Lagerarbeiter vor, der die Nachbestellung abarbeitet: „Also hier 30x Brustkrebs, 15x Hautkrebs, 3x Amputationen, dazu noch 20x Wurzelspitzenresektion." Was erzählt er beim Abendbrot seiner Familie, wenn die wissen will, wie sein Tag verlaufen ist?

Seit der Reha bin ich nicht besonders gut auf Desinfektionsmittel zu sprechen und ignoriere die an allen öffentlichen Orten, wo solche Spender aufgestellt sind. Während der Reha habe ich trockene Haut davon bekommen und die Haut fühlte sich so pergamentartig an wie die einer 3.000 Jahre alten Mumie. Handcremes haben erst Wochen nach der Reha geholfen. In der Zahnklinik muss man sich die Hände waschen, und zwar 30 Sekunden lang. Die Toilette befindet sich gegenüber dem Desk der Zahnarzthelferin. Ich achte darauf, die 30 Sekunden einzuhalten, weil mich die Sorge beschleicht, dass draußen auf eine Sand- oder Eieruhr geschaut wird und ich wieder zurückgeschickt werde, wenn ich nur 20 Sekunden in der Toilette bleibe.

Es gibt bei diesem Spezialisten keine anderen Wartenden und keine Wartezeit. Jeder Patient wird pünktlich aufgerufen. Im Wedding undenkbar. Da muss man bei jedem Arzt sechs Stunden einplanen und sitzt zusammengepfercht mit all dem Pack und ihrem Typhus, Auswurf und hoch ansteckenden Hautkrankheiten.

Dass eine solche Zahnklinik was Besonderes ist, zeigt sich auch an den Kleiderbügeln. Es gibt nur drei Stück davon und natürlich sind alle aus purem Gold. Ich bin versucht, beim Anziehen später einen davon einzustecken, aber ich glaube, die Arzthelferinnen haben mich genau im Blick, weil sie wissen, woher ich komme.

Mein naiver Gedanke, die Operation finde auf einem der üblichen Zahnarztstühle statt, ist Quatsch. Ich liege auf einer richtigen OP-Bahre und die Helferin fragt mich nach meinem Musikwunsch. Das wäre in einer Praxis im Wedding undenkbar. Ich überlege, Death Metal zu wählen, aber das stresst vielleicht Herrn Kasulke, über dessen Qualifikation ich mir immer noch unschlüssig bin. Vielleicht Europop von Boney M. und ABBA? So was Beschwingtes halt zum Mitschunkeln. Aber ist wahrscheinlich schlecht für die Konzentration. Ich entscheide mich für Jazz. Jazz kann man überall hören. Beim Sex, im Fahrstuhl, im Supermarkt.

Ein Tuch wird über mich gelegt, das nur die Mundpartie freilässt. Verstehe, ich soll nicht sehen, wie sich Herr Kasulkes Gesicht verzieht, weil er überfordert ist von dem, was er macht. Ein bisschen komme ich mir damit aber vor wie bei einer Hinrichtung.

Die Operation verläuft schmerzfrei. Nur das Heulen der Fräse macht mich unruhig, da es durch den Mundraum so verstärkt wird, dass man glaubt, es sei keine Dental-Fräse, sondern der große Bruder, der sich durch den Kiefer frisst und dabei den großen Nerv durchtrennt, was zur Folge hat, dass man lebenslang einen tauben Kiefer hat und ständig sabbert.

Die Beruhigungspille scheint zu wirken, sonst hätte ich niemals in Erwägung gezogen, Boney M. hören zu wollen.

Eine weitere Woche vergeht. Die Fäden sollen gezogen werden. Mir gegenüber im Wartezimmer sitzt eine ältere Dame im

Pelz und Diamanten an den Fingern. Offenbar der Westender Hochadel.

„Hat er sich in der Praxis geirrt, junger Mann?“, will sie mit einem Mal von mir wissen. „Womöglich im Bezirk geirrt? Er sieht aus, als käme er aus dem Wedding, was die Frage zulässt, wie er sich einen Besuch hier bei Dr. Dr. Huschmandi leisten kann? Was machen nur diese Untermenschen hier ...“

Geistesgegenwärtig antworte ich: „Gestatten, Robertus de Weddinge, Fürst des ebenselben. Mir scheint, Ihnen ist noch nicht zu Ohren gekommen, dass wir Hochwohlgeborenen im Wedding nach Jahrhunderten des Exils wieder unseren rechtmäßigen Platz gewinnen konnten. Der Pöbel wurde zurückgewiesen.

Ich betrachte meinen Besuch hier als Versuch, den geehrten Dr. Dr. Huschmandi zu einem Praxiswechsel in den Wedding zu bewegen, da er dort bessere Bedingungen vorfinden wird, allzumal er sich dort nicht mit solchen Schabracken wie Ihnen rumplagen muss.“

Das saß. Angewidert wendet sich die ältere Dame ab.

Die Zeit bis zum Aufruf verbringe ich mit dem Studium einer Broschüre zur Faltenentfernung. Tja, wenn ich Geld hätte, würde ich mir so einen Liter Hyaluronsäure unter die Haut spritzen lassen. Aber die Novemberhilfe der Bundesregierung ist doch nicht so üppig ausgefallen, wie ich dachte. Ehrlich gesagt, reicht das Geld gerade so für die Wurzelspitzenresektion.

Und es ist nicht mal sicher, ob es sich gelohnt hat. In vier Monaten entscheidet sich erst, ob der Zahn gerettet werden kann. Das könne dann mein Zahnarzt weiterbehandeln, lässt mich Herr Kasulke wissen.

Womöglich habe ich nächstes Jahr eine Zahnlücke. Die erste, und vielleicht nicht die letzte. Wäre ich im Westend wohnhaft, bliebe mir ein solches Schicksal erspart.

GROSSBRITANNIEN KANN MICH MAL

Jetzt hat mein anderer Cousin auch einen Anlass. Vor zwei Jahren war es Phil, der seinen sechzigsten Geburtstag feierte und jetzt Bob, der mal wieder heiratet.

Wenn ich das über die Jahre bei Facebook richtig verfolgt habe, dann ist sie Indonesierin und er hat sie irgendwann bei irgendeinem Hilfsprogramm vor Ort kennengelernt und später nach England geholt. Das bereute sie nach dem Brexit inzwischen sicherlich und hat ihn womöglich öfter überreden wollen, nach Indonesien zu ziehen, weil es da lebenswerter ist als in Großbritannien.

Was ich so alles weiß oder zu wissen glaube, obwohl ich mit meinen Cousins nichts zu tun habe. Das will ich auch nicht, denn beide sind oder waren überzeugte Brexit-Anhänger und wollen nicht wahrhaben, was ihre Haltung inzwischen aus dem einst blühenden Großbritannien gemacht hat. Die Bevölkerung verarmt, die Mittelschicht, zu der ich Bob und Phil zählen würde, schwindet, die Wirtschaft liegt am Boden, das Gesundheitssystem ist scheintot, britische Musiker können keine Europa-Tourneen antreten, außer Elton John vielleicht, weil die Visumregelungen keinen Anreiz bieten und dann entstand noch ein Bürokratie-Monstrum, das ich selbst kennengelernt habe.

Bei dem HiFi-Fachhändler, bei dem ich gelegentlich arbeite, liefern wir nichts mehr nach Großbritannien. Der Papierkram mit dem Zoll ist einfach zu viel, wenn du ein popeliges Internet-Radio versenden willst, das ohnehin kaputtgehen wird, sobald es realisiert hat, wohin die Reise geht. Ich vermute, es geht allen anderen Händlern auch so, weshalb jeglicher Export an Unterhaltungselektronik nach Großbritannien zum Erliegen gekommen sein dürfte.

Königin Elisabeth ist bestimmt aus Gram über Boris Johnson gestorben und König Charles würde am liebsten mit Sack und Schloss das Land verlassen, wenn er könnte oder aber putschen und die Regierungsgeschäfte übernehmen. Und dann gab es noch diese Premierministerin, ich komme nicht auf ihren Namen, die nur vier Wochen oder so im Amt war, auf jeden Fall habe ich während ihrer Amtszeit häufig gedacht, Gott sei Dank haben wir solche Politiker nicht in Deutschland.

Und jetzt kommt die Frau meines Cousins Phil ins Spiel, die ich vom Gefühl her Schwägerin nennen könnte, aber das ist sie rechtlich gesehen nicht. Sie ist einfach nur angeheiratet, aber wenn sie und Phil Kinder hätten, dann wären die meine Großcousins oder Großcousinen. Da das alles zu kompliziert wird, nenne ich sie einfach Bea.

Von Bea, die deutschstämmig ist, sehe ich auf Facebook meist Bilder, wie sie Gin trinkt. Phil legt sich alle sechs Monate ein neues Motorrad zu und Bob hat einmal im Jahr einen Autounfall, postet Bilder vom Wrack, versichert, dass es ihm gut geht und kauft sich ein neues Gefährt.

Bea meldet sich also bei mir, informiert mich über die bevorstehende Hochzeit und bittet darum, dass ich eine Karte schicke. Warum überhaupt? Reicht es nicht, ein Like bei Facebook zu setzen, wenn Bob einen Tag nach seiner Hochzeit 1.000 Bilder hochlädt, die ich Idiot mir wahrscheinlich auch anschauen werde, aus purer Faszination, wie meine Verwandtschaft angesichts des desolaten Zustandes ihres Landes weiter so tun kann, als würde sie das alles nichts angehen.

Was ist mit meinen beiden anderen Brüdern? Die müssen keine Glückwunschkarte schicken und wissen wohl nicht einmal von dem Anlass. Aber die sind auch so klug, nicht auf Facebook zu sein.

Ich könnte jetzt einfach die Nachricht von Bea unbeantwortet lassen und mir die ganze Zeit einreden, dass ich sie nicht bekommen habe, aber das bringt ja nichts. Also schreibe ich ihr zurück und vermelde ohne jede Emotion, dass ich es tun werde. Am nächsten Tag stehe ich im 1-Euro-Shop (mehr ist mir die Sache ehrlichgesagt nicht wert) und schaue mich um. Im ersten Moment bin ich geneigt, eine Trauerkarte mit dem Titel „Aufrichtige Anteilnahme" zu verschicken. Ist doch origineller als „Alles Gute zur Hochzeit", oder?

Verstehen kann er die Botschaft eh nicht, seine Frau aus Indonesien auch nicht. Sie werden die Karte kurz in die Hand nehmen, dann mit dem ganzen anderen Glückwünsche-Rotz verschnüren und für 15 Jahre in einen Schrank legen, bevor sie alles in den Müll schmeißen. Oder sie werfen alles gleich am nächsten Tag weg, was weiß ich. Aber wenn Bea die Trauerkarte liest, entfreundet sie mich vielleicht.

Ich greife nach der Karte, entscheide mich aber kurz davor noch für das Register „Hochzeit" und wähle eine dezente lilafarbene Karte, auf der ein Auto mit diesen Blechbüchsen an der Heckstoßstange zu sehen ist und darüber ein verschnörkeltes „Just married". Irgendwie ganz hübsch, da habe ich mich ganz schön ins Zeug gelegt.

Als dann die Hochzeit war, habe ich mir am nächsten Tag die 1.000 Fotos angesehen. Ich war froh, dass ich nicht eingeladen worden bin. Irgendwie wirkte alles so billig, als ob ihnen inzwischen die Kohle ausgegangen ist. Vielleicht wollte Bea gar keine Karte, sondern Devisen oder ein CARE-Paket.

Einen Tag später hat Bob eine Dankesliste veröffentlicht, in der er sich bei halb Großbritannien bedankt, aber meinen Namen habe ich nicht entdecken können. Hat ihm etwa meine Karte nicht gefallen oder habe ich aus Versehen doch die Trauerkarte geschickt? Die hatte ich noch gekauft, weil es ja leider immer mal Anlässe dafür gibt.

Ich sollte sie entfreunden oder wenigstens auf „stumm" stellen. Aber das kann ich doch nicht machen, das sind doch meine Verwandten. So ein Scheiß hinderlicher Gedanke.

BERLIN, ICH WILL NICHT MEHR

Wenn ich Berlin für eine gewisse Zeit verlasse, dann stellt sich ein Gefühl von Entspannung ein. Ich treffe nette, aufgeschlossene Menschen in sauberen Städten, niemand macht einen an, sondern allerorten wird man mit Höflichkeit und Gastfreundschaft regelrecht, „überschwemmt". Irre sind dort, wo sie hingehören und nicht auf den Straßen, Busfahrer sind zuvorkommend, ein Verkehrmittel wartet auch mal auf einen und Nachbarn pflegen einen herzlichen Umgang miteinander.

Jedes Mal bin ich fasziniert von diesen Leuten, die ausgeglichen sind und mit der Welt um sie herum in Einklang leben. Ich spüre, wie sich in mir eine Energie auflädt, die ich lange nicht mehr in mir gespürt habe, jeder Hass auf meine Mitmenschen schwindet, jede Anspannung weicht von mir und ich erwische mich bei dem Gedanken, dort bleiben zu wollen, sei es in Rheinsberg, Bonn oder Elend, einem Dorf in Sachsen.

Aber immer kommt der gefürchtete Tag der Rückkehr. Wenn ich früher das Flugzeug genutzt habe und in Tegel ausstieg, dann wurde mir schon anders zumute, wenn ich die Bushaltestelle am Ausgang erreichte. Das schier endlose Warten auf den Bus, der dann innerhalb von Sekunden überquoll mit vollgekoksten Expats[4] auf dem Weg ins Berghain und zurückgekehrten Berlinern, die sich immer noch auf der Biermeile von Palma wähnten, dazu Auskunftsschergen der BVG, die so taten, als seien sie nicht da und dazwischen Berliner wie ich, bei denen in Sekundenbruchteilen der gefundene innere Frieden aufplatzte und die in die gewohnte Rolle des Gift-und-Galle-Spuckenden zurückfielen, sobald sie das Vorfeld hinter sich gelassen hatten.

4 Anm. d. Lektorats: Beschäftigte ausländischer Unternehmen oder Organisationen, die in Berlin eigentlich hart arbeiten sollten.

Spätestens beim Besteigen der U6 am Kurt-Schuhmacher-Platz war alles wie immer. Besoffene Verrückte warfen einen um und erbrachen sich vor die Füße, ein Kinderwagen bohrte sich in die Hacken und die Mutter gab dem Vierjährigen eine Ohrfeige, die in dem Kind jeden Glauben an das Gute schwinden ließ.

Oft habe ich in diesen Momenten den Wunsch verspürt, zurück zum Flughafen zu fahren und einen One-Way-Flug egal wohin zu buchen, um dieser Hölle zu entkommen.

Nur einmal habe ich diesen Entschluss tatsächlich umgesetzt. Ich war für ein verlängertes Wochenende auf Rügen und als ich zurückkam, bin ich noch zum Nachbarn ins Erdgeschoß runter, um seinen Garten zu wässern.

Es war ein heißer Tag und die Pflanzen gierten nach dem Viereckregner. Nur wenige Sekunden, nachdem ich das Gerät angestellt hatte, tauchte am Zaun die Nachbarin auf und beschwerte sich lauthals darüber, dass ich nicht ihre Pflanzen wässern solle.

Ich stellte die Reichweite kleiner und sah sie mit diesem Blick aus Unverständnis und Wut an, den ich so oft zeigte. Das Wochenende hatte mich innerlich gereinigt, doch jetzt war wieder alles verdorben.

Spontan fuhr ich zum Bahnhof und stieg in einen Zug Richtung Uckermark, wo ich mich auf einen Acker legte und den Nachthimmel betrachtete. Ich wünschte mich auf den Exoplaneten LTT 9779 b, wo es Wolken aus Metall gab, aus denen es Tropfen aus Titan regnete und wo es so etwas wie Berlin bestimmt nicht gab.

Vor ein paar Tagen kam ich von einem Auftritt in Bonn wieder. Ein toller Auftritt, gut bezahlt, nette Kollegen, alles super. Nervig war nur die Rückfahrt mit der Bahn, bei der man ja inzwischen immer eine Verspätung einplanen muss.

Nach sechs Stunden kam ich am Hauptbahnhof an und wollte die Toilette benutzen. An den beiden Durchgangsschleusen standen Touristen, die tatsächlich den Obolus von einem Euro mit der Kreditkarte zahlen wollten. Die Geräte akzeptierten das nicht ohne weiteres, also staute es sich. Unweigerlich positioniert man sich dann zwischen den Durchgängen und will rechtzeitig nach links oder rechts wechseln, sobald irgendwo ein Vorankommen festzustellen ist. Links sah es nun danach aus, doch hinter mir hörte ich eine Stimme, die mich mahnte, mich hinten anzustellen. Ein älterer, beleibter Mann, der sehr unglücklich sein musste mit seinem Leben, wenn er in einer solchen Situation auf das treudeutsche Anstellen beharrte. Ich erhob meinerseits die Stimme, wies auf das Chaos hin, das die verdammten Touristen mit ihren Kreditkarten verursachten, und machte zudem darauf aufmerksam, dass ich zuvor vor ihm gestanden hatte. Aber er hatte kein Erbarmen. In mir keimte der Gedanke, ihn zu schlagen, ihn zu Tode zu richten, doch noch war es nur ein Gedanke, zu sehr nährte ich mich noch an dem Aufenthalt in Bonn. Also verließ ich wutentbrannt die Toilette.

Einen Tag später stand ich an der Kasse eines Discounters. Ein Auszubildender saß an der Kasse, der natürlich länger brauchte, was zu einer Schlange führte. Konnte der nicht schneller machen oder sich einen anderen Job suchen? Für die Kasse war er wohl nicht zu gebrauchen.

Ich hoffte, Frau Kasulke, die mir gewohnte Kassenkraft, die zügig arbeitete, würde erscheinen und den Jungen auf die Straße setzen. Mit einem Mal stand ein Mann neben mir und fragte, ob er vor könne und zeigte auf seine zwei Bananen und die eine Flasche Saft. Ich schaute in meinen Wagen und sah, dass ich nur unwesentlich mehr Waren einkaufen wollte. Ich lehnte ab und verwies auf eine kurze Schlange, für die er wohl genügend Zeit aufbringen könne. Ich wollte das eigentlich nicht sagen, wollte ihn vorlassen, aber ich konnte nicht.

Er schaute mich mitleidig an und nickte in dem Wissen, mit welcher Gattung Mensch er es zu tun hatte. Er wandte sich an die Frau vor mir und die ließ ihn vor. Ich bedachte beide mit einer großen Portion Wut.

Auf dem Weg nach Haus dachte ich über mein Verhalten nach. Ich war nicht besser als die Nachbarin, die ihre Pflanzen nicht gewässert haben wollte oder der Typ auf der Toilette.

Ich wünschte mich in die Ferne, irgendwohin, wo ich einen Kunden mit zwei Bananen und einer Flasche Saft, der es wahrscheinlich eilig hatte, mit einem Lächeln vorließ und mich daran erfreute, etwas Gutes getan zu haben.

UNTER FREMDEN

Tschö, Tschö, Tschö, Tschö, meine kleine Maus, hab dich lieb, Tschö, Tschö, mein kleiner Schatz, Tschö, Tschö, Tschö.

Am ersten Tag, als Detlef aus Spandau in mein Zimmer verlegt wurde, habe ich nicht mitgezählt. Aber ich schätze mal, so zehnmal dürfte ich sein Gesäusel mitgehört haben, als er sich am Handy von seiner Frau verabschiedet hat. Am zweiten Tag war ich aufmerksam und kam auf, sage und schreibe, 21 Telefonate. Das erste Mal hat er sie um 4:30 Uhr angerufen, aber das zählte nicht mit, weil sie nicht rangegangen ist. Vermutlich ist sie wachgeworden, hat sich zur anderen Seite gedreht und ihn verflucht.

Detlef litt infolge einer Darm-Operation an Verstopfung. Als er am dritten Tag auf dem Klo saß und sich eine erste Änderung seines Zustandes einstellte, rief er ebenfalls seine Frau an, um ihr die frohe Botschaft mitzuteilen. Ich weiß nicht, ob die beiden eine besonders innige Zuneigung verbindet oder ob Detlef das erste Mal seit langem von seiner Frau getrennt ist und das Bedürfnis hat, eine „Nähe“ herzustellen, die zumindest mir übertrieben erscheint. Warum schreibt er ihr nicht einfach hundert WhatsApp-Nachrichten, wie es alle anderen machen?

Und ich frage mich, ob sie dieses nervtötende *Tschö, Tschö, Tschö, Tschö, meine kleine Maus, hab dich lieb, Tschö, Tschö, mein kleiner Schatz, Tschö, Tschö, Tschö* wiederholt, oder es bei einem profanen „Tschüss“ belässt und auflegt, während er seine Litanei herunterbetet.

Bereitet sie während seines Krankenhaus-Aufenthalts die Trennung vor und wird ihn damit am Tag seiner Entlassung überraschen? Ich verbringe die Zeit damit, mir vorzustellen, was sie für eine Person ist. Völlig aufgedreht an der Grenze zum Wahnsinn oder eher die graue Maus, die sich ergeben hat in den Marotten ihres Mannes, die wahrscheinlich vielgestaltiger sind als das Verabschiedungsgesäusel am Telefon?

Es dauert bis zum Nachmittag des dritten Tages, bis seine Frau ihn besuchen kommt. Sie trägt ein dunkles Kleid und sitzt weitgehend stumm da, während ein anderer Mann und ihr Mann miteinander reden. Der andere Mann. Sowohl seine Frau als auch Detlef siezen ihn, was mich glauben lässt, Detlefs Frau habe ihn vor dem Eingang des Krankenhauses getroffen und einfach mitgenommen. Andererseits klingen sie alle so vertraut miteinander, so als wäre er ein Freund der Familie. Vielleicht sind das so Spandauer Gebräuche, dass sich alle miteinander siezen, auch wenn sie sich schon Jahre kennen?

Seine Frau hat Apfelsaft mitgebracht, denn Detlef mag Apfelsaft. Dumm nur, dass sich in Kürze herausstellen wird, dass der Apfelsaft für den Durchfall verantwortlich ist, der Detlef jetzt plagt, und insbesondere, dieses Wissen nehme ich aus dem Krankenhaus mit, die Sorte Gerolsteiner Apfelschorle, die quasi nach Einnahme sofort rektal ausgeschieden wird.

Derweil versuche ich, meinen guten Krimi weiterzulesen, bin aber so unkonzentriert, dass ich ständig fünf Zeilen wiederholen muss, weil ich doch zu sehr an Detlefs Leben, das mir in aller Pracht offenbart wird, teilhabe.

Es geht vor allem um Autos, denn Detlef ist oder war Autoschlosser und sein *BMW irgendwas* ist ihm heiliger als alles andere. Ich frage mich, ob er sich nach getaner Fahrt von dem Auto auch mit einem *Tschö, Tschö, Tschö, Tschö, meine kleine Maus, hab dich lieb, Tschö, Tschö, mein kleiner Schatz, Tschö, Tschö, Tschö* verabschiedet?

Detlef liest nicht, weder eine Zeitschrift noch ein Buch. Er starrt auf den Fernseher und schaut, was da kommt und das Programm bestimmt Manfred im Bett neben ihm.

Manfred ist alt und hat schon viel gemacht im Leben. Beim gegenseitigen Vorstellen überrascht er uns damit, dass er schon tot sei. Erich Honecker habe ihn umgebracht. Er sei Mauerflüchtling und zur Strafe hat Honecker ein Grab für ihn ausheben lassen. Nach der Wende sei er mal dort gewesen und habe an seinem Grab gestanden. Ansonsten hat Manfred sein Leben lang gearbeitet. Als Fischer, als Hotelkoch, als Lagerarbeiter und mit Bernhard Grzimek war er in den 60er-Jahren in Afrika, allerdings nur zum Urlaub.

Jetzt hat Manfred Knochen- und Prostata-Krebs und nimmt gegen letzteres spezielle Tabletten, die den Krebs besiegen sollen. Die Tabletten befinden sich in einer durchsichtigen Blisterpackung in einem Kartonumschlag, der sich wie ein Buch öffnen lässt, und so sehen Tabletten aus der Apotheke nun gar nicht aus. Manfred erzählt, dass ihn die Blister-Packung 1.800 € gekostet hat und dass die Tabletten helfen. Er habe vorher einen Wert von 250 gehabt und jetzt betrage der Wert nur noch 1. Er ist so angetan von den Tabletten, dass er gar keine anderen nehmen will, aus Angst, seine Krebs-Kur könnte Schaden nehmen. Zwar habe ich schon von solchen Krebs-Tabletten gehört, aber bin skeptisch bezüglich der Wirksamkeit, solange Karl Lauterbach nicht sagt, dass die helfen.

Manfred hat kein Handy, weshalb er versucht, über das Krankenbett-Telefon (oder wie auch immer die Dinger heißen) seine Frau anzurufen. Diese Telefone könnte die Klinik abschaffen und stattdessen mal eine zweite Steckdose spendieren. Außer Manfred benutzt die doch keiner. Manchmal ruft seine Frau zurück, aber meist ist Manfred nicht da, denn er unternimmt ausgedehnte Spaziergänge auf dem Krankenhaus-Gelände. Weder Detlef noch ich haben Lust, uns aus dem Bett zu kämpfen und an das klingelnde Ding ranzugehen.

Immerhin sagen wir ihm Bescheid, dass seine Frau angerufen hat und zumindest ich werde dann erinnert an Zeiten, als man tatsächlich telefonisch unerreichbar gewesen ist.

Manfred bestimmt das Fernsehprogramm in dem Kasten über meinem Bett und Detlef ist zu schwach, um mehr als einmal dagegen zu protestieren. Manfred schaut DMAX, den Sender, wo es nur Dokumentationen über amerikanische Burger-Brate-reien gibt, hemdsärmelige Männer, die Holz hacken und Auto-Tuning Werkstätten. Letzteres müsste Detlef interessieren, aber sein Blick ist trübe auf den Bildschirm gerichtet oder er greift zum Handy, um seiner Frau das Neueste aus seinem Krankenhaus-Alltag zu berichten. *Tschö, Tschö, Tschö, Tschö, meine kleine Maus, hab dich lieb, Tschö, Tschö, mein kleiner Schatz, Tschö, Tschö, Tschö.*

Die Frau von Manfred kommt ihn besuchen, zusammen mit seiner mutmaßlichen Tochter und einer Nachbarin oder Schwester oder sonst jemand. Sie sitzen draußen im Flur und reden über den besten Döner von Reinickendorf. Die Frau von Manfred überweist ihrer Tochter via PayPal per Handy Geld, während Manfred von den Wunderpillen gegen Krebs erzählt und dass man sie ihm im Krankenhaus „verbieten" wolle und ihn nötige, irgendwelche Pillen zu schlucken, von denen er gar nicht wisse, wogegen die helfen sollen. Manfreds Frau will bei *Lieferando* Pizza bestellen, aber eine mithörende Schwester weist sie darauf hin, dass das nicht erlaubt sei. Manfred erzählt abermals, dass man ihm seine Pillen verbieten will.

Am Tag der Entlassung schlage ich die Zeit tot. Fünf Stunden länger dauert es, weil nicht um 6 Uhr morgens Blut entnommen wurde, also haben die Ärzte das Ergebnis nicht pünktlich um 7 Uhr zur Visite vorliegen. Außerdem geht eines der Röhrchen im Labor verloren und wird erst später wiedergefunden.

Ich sitze auf dem Bett, als Detlef und Manfred rausgeschoben werden zu einer Operation und sitze noch genauso da, als sie zurückkommen. Beide sind zu benommen, um mich wahrzunehmen.

Irgendwann kommt eine Ärztin mit dem Papier rein.

Ein letztes Mal vernehme ich Detlefs *Tschö, Tschö, Tschö, Tschö, meine kleine Maus, hab dich lieb, Tschö, Tschö, mein kleiner Schatz, Tschö, Tschö, Tschö* und sehe Manfred, wie er in der Schublade kramt, um sich zu vergewissern, dass die Schwestern nicht seine Krebs-Pillen geklaut haben.

Dann verlasse ich die Station, kehre zurück in mein Leben und werde beide nie wiedersehen.

KIM

Kim Müller hat ein Internet-Radio gekauft.

Das ist einerseits eine gute Nachricht, denn es beschert der Firma, bei der ich arbeite, einen Umsatz, andererseits ist es aber schlecht, denn ich kann nicht auf Anhieb erkennen, ob Kim Müller eine Frau oder ein Mann ist. Womöglich ist der Name Kim auch ein Hinweis auf eine diverse Geschlechtsidentität.

Für den Umsatz ist das unerheblich, aber ich muss den Kauf dokumentieren, sprich einen Datensatz in der Warenwirtschaftssoftware anlegen und die kennt einerseits nur Herr/Frau im Feld „Anrede", andererseits ist eine Angabe notwendig.

Wenn ich jetzt „Herr" eintrage, Kim Müller fühlt sich aber nicht so, dann kann das Probleme machen. Heutzutage muss man ja auf so etwas aufpassen. Da macht man einen Fehler, die Leute posten das auf Twitter (oder X) und fragen, ob man hinterm Mond lebt und dann gibt es Hassmails an mich und die Firma und der Schaden ist gewaltig.

Warum kennt die Software keinen Eintrag „divers" oder ist auf dem neuesten Stand und bietet so Geschlechter an wie Intersexuell, Pangender, Transgender oder so etwas Einfaches und zugleich Kompliziertes wie „weder noch".

Es gibt inzwischen sechzig oder mehr Geschlechter. Da wird die Softwarefirma argumentieren, dass sie kein Menü mit so vielen Einträgen anbieten kann. Aber wenn schon kein „divers"-Eintrag, dann wenigstens ein Leerfeld, um die geschlechtliche Bestimmung meinerseits offenzulassen. Wobei, wenn das ans Licht kommt, gibt es bestimmt auch wieder Kritik und Hassmails, von wegen *wir werden diskriminiert, weil wir nur ein Leerfeld kriegen*. Es gibt ja sogar so etwas wie „Two Spirit drittes Geschlecht", eine indianische Bezeichnung für zwei in einem Körper vereinte Seelen. Ob Kim Müller sich so empfindet?

Meistens stellt sich das Problem bei der Arbeit nicht, weil die Besteller Friedrich, Ingolf oder Kathrin oder Susanne heißen. Da muss ich nicht groß nachdenken beziehungsweise handele nach klassischen Mustern und kann bei Beschwerden sagen, dass ich ja nicht wusste, dass da eine andere Geschlechtswahrnehmung vorliegt, weil der Name ja eindeutig war. Aber Kim?

Ich google mal. Kim ist sowohl ein männlicher als auch weiblicher Vorname, ein sogenannter geschlechtsneutraler Name. Na toll, das hilft mir jetzt total weiter. Hätte ich mir ja denken können. Es gibt ja So-yeon Schröder-Kim, die amtierende Frau des ehemaligen Bundeskanzlers Gerhard Schröder. Da steht das *Kim* als Nachname, was auch wieder verwirrend ist. Kim Jong-un ist da eindeutiger. Wenn Kim Müller Kim Jong-un heißen würde, wüsste ich jetzt weiter.

Also muss ich Kim Müller googeln und hoffen, dass er/sie/divers im Netz Spuren hinterlassen hat oder zumindest im lokalen Netz Gunkenhausen, der Heimatstadt des Bestellers / der Bestellerin / der eine Bestellung getätigt habenden Person.

Ach, ein Foto von der Freiwilligen Feuerwehr Gunkenhausen, vermutlich während einer Verabschiedung des Wehrführers in den Ruhestand oder es handelt sich um den alljährlichen Besuch beim Bürgermeister der Verbandsgemeinde. Das kenne ich aus meiner Heimat. Ich glaube, 10% aller im Internet verfügbaren Fotos zeigen Ehrenamtliche der Freiwilligen Feuerwehren bei der Verabschiedung des Wehrführers in den Ruhestand oder beim Besuch des Bürgermeisters der Verbandsgemeinde. Leider ist der Artikel hinter einer Paywall versteckt. Auf diesem Foto ist Kim Müller zwar abgelichtet, aber es zeigt acht Männer und eine Frau, die Bildunterschrift ist nicht zu sehen. Das hilft mir nicht weiter.

Als Nächstes stoße ich auf eine Festschrift des *Turnvereins Gunkenhausen 1873* zum hundertfünfzigsten Jubiläum. Kim Müller ist in seinem / ihren / der Person zuzuordnenden Heimatort offenbar sehr aktiv. Ich blättere das 40-seitige PDF durch, obwohl ich einen Stapel an zu erledigenden Bestellungen habe. Aber ich will irgendetwas finden, damit ich halbwegs sicher sein kann, wenn ich „Herr“ oder „Frau“ auswähle und endlich meine Arbeit fortsetzen kann. Auf einer Seite wird allen Verstorbenen gedacht, auch der aus den beiden Weltkriegen. Zwischen 1916-1918 gab es kein Turnen in Gunkenhausen. Das Einzige, was einen deutschen Turnverein von der Körperertüchtigung abhält, ist ein Weltkrieg.

Ich denke, Kim Müller ist im Vorstand des Vereins. Gleich werde ich die Seite mit dem aktuellen Vorstand plus Fotos sehen und dann habe ich endlich irgendeine Antwort. Verdammt, er/sie/divers war im Vorstand und wird nur namentlich genannt, ebenso wie Kurt Wiesel, der war 1. Vorsitzender von 1873 bis 1896. Ich wünschte, Kurt Wiesel hätte ein Internet-Radio bestellt, dann wäre die Sache einfach.

Ich gehe zurück auf die Google-Suchseite. Mehr finde ich nicht. Ich habe eine Telefonnummer. Ich könnte unter einem Vorwand anrufen, dann hätte ich Gewissheit. Aber Kim Müller hat ein Internet-Radio bestellt, da gibt es keinen Vorwand. Obwohl, auf Amazon hat eine Frau geschrieben, dass dem Radio keine Bedienungsanleitung beiliegt. Ich könnte also Kim Müller anrufen und sagen, dass keine Anleitung dabei ist, weil viele Hersteller das heutzutage nur noch als PDF ins Netz stellen. Das habe ich auch der Frau auf Amazon mitgeteilt, also freundlich. Quasi als Sonderdienstleistung der Firma, obwohl das klar sein sollte. Ich habe nicht geschrieben, dass man bei einem Kaufpreis von 40 € nicht erwarten kann, dass der Hersteller eine gedruckte Anleitung beilegt.

Ich könnte auch nur anrufen und abwarten, bis Kim Müller „Hallo“ sagt und dann auflegen.

Aber dann ruft er/sie/divers womöglich zurück und ich erzähle, dass ich eigentlich wegen der Anleitung angerufen habe, dann aber dachte, dass das selbstverständlich ist und deswegen aufgelegt habe. Da wird sich Kim Müller ebenso wundern wie ich neulich bei dem Anruf von meiner Hausbank. Die wollte meine persönlichen Angaben überprüfen, ob sich was geändert hat.

Bei der Angabe: „Beruf" habe ich seinerzeit bei der Kontoeröffnung „Angestellter" ausgewählt statt „selbständig", wahrscheinlich deswegen, weil sie sonst gefragt hätten, was genau ich selbständig arbeite und dann hätte ich womöglich das Konto nicht eröffnen können. Am Telefon habe ich dem Mitarbeiter dann gesagt, das „Angesteller" falsch ist und es „selbständig" heißen muss. Das hat er dann geändert (was drei Minuten gedauert hat), hat sich dann verabschiedet und aufgelegt.

Ich trage jetzt „Herr" ein. Hat keinen Sinn, noch weiter Zeit zu verschwenden. Bestimmt hat Kim Müller keine Zeit, um sich zu beschweren, bei den ganzen Ehrenämtern in Gunkenhausen.

So, dann auf zur nächsten Bestellung.

Was ist das denn? Maitane aus San Sebastian.

Das liegt doch im Baskenland. Maitane klingt irgendwie weiblich, das erklärt sich leicht. Also trage ich „Frau" ein und wenn die sich irgendwie anders fühlt oder doch ein Mann ist, ist mir das doch scheißegal.

DAS GLÜCK LÄSST AUF SICH WARTEN

Seinen Anfang nahm das Ganze mit einem Weihnachtsgeschenk. Der Onkel meiner Partnerin beglückte die bucklige Verwandtschaft mit jeweils einem *Jahreslos der Aktion Sorgen…* äh … *Aktion Mensch*.

Wahnsinn, dachte ich, endlich ein vernünftiges Geschenk, das mich reich machen wird. Seit ich an den jährlichen Familien-Geschenkorgien teilnahm, gab es entweder Geschenke, die ich zuhause auf einen Tisch legte und vergaß oder solche, in die ich mal kurz reinschaute, bevor ich sie auf einen Tisch legte und vergaß. Jetzt aber begann ich zu fantasieren, sah mich mit meinem nigelnagelneuen Tesla durch den Wedding brausen, um später in meiner Villa in Dahlem, zusammen mit sämtlichen Playmates der Jahre 2020 bis 2023, im Swimmingpool zu dösen.

Normalerweise bemühe ich mich, mein Leben und seine Aussichten realistisch zu bewerten (bleibt mir ja nichts anderes übrig), aber bei diesem Präsent gingen die Pferde mit mir durch. Ich konnte nicht nur einmal gewinnen, sondern theoretisch zwölf Mal, wenn jeden Monat die gleiche Losnummer gezogen wurde. Meine überhitzte Vorstellungskraft blendete bald das Wort „theoretisch“ aus und tauschte es gegen ein „mit ziemlicher Sicherheit“ ein. Ich fühlte mich euphorisch, andere würden es größenwahnsinnig nennen. Würden die Jahrzehnte der Erfolglosigkeit, des Unglücks endlich ein Ende nehmen?

Aber zunächst musste ich mich daran gewöhnen, dass die *Aktion Sorgen…* äh … nicht mehr so hieß. Wann immer ich mit Menschen sprach, denen es schlechter ging als mir und die ich durch die Bekanntgabe eines möglichen Lottogewinns weiter zu deprimieren und mich zu erhöhen versuchte, musste ich stets innehalten, wenn ich aus lebenslanger Gewohnheit zunächst den Namen sagte, der unsere behinderten Mitmenschen diskriminierte.

Ich war aufgewachsen mit „Drei mal neun“ und „Der große Preis“ mit Wim Thoelke und da war die *Aktion* ... äh ... dermaßen verinnerlicht, dass ich erst den alten Namen aussprach und dann korrigierte. Es war mir unmöglich, die Namensänderung aus dem Jahr 2000 sauber in meinen Sprachschatz zu integrieren. Hinzu kam, dass Wim Thoelke schon so lange tot war wie seine Sendung und ich mich seit 25 Jahren nicht mehr mit der *Aktion* ... äh ... *Mensch* beschäftigt hatte.

Mit dem Los zog ein neuer Termin in mein Leben ein. Jeden letzten Dienstag im Monat wurden die Zahlen für mein Jahreslos gezogen, aber erst am folgenden Sonntag bekanntgegeben. Komisch, oder?

Wurden zwischen Dienstag und Sonntag erst die Angehörigen der Mitarbeiter versorgt? Hier mal 'ne Million, da mal 7.500 € oder eine Monatsrente für die nächsten 500 Jahre (natürlich vererbbar), bis alle versorgt und satt waren und danach wurde hier und da mal eine Zahl ausgetauscht, damit auch ein paar von dem Gesocks da draußen 10 € gewannen.

Wenn es noch keine Verschwörungstheorie zu diesem Thema geben sollte, dann melde ich hiermit offiziell eine an. Mögen sich Jünger finden, die meinen Spuren folgen.

Egal, ich las die Newsletter mit einem Interesse, wie ich sie für derlei Mails noch nie aufgebracht hatte und allmählich schälte sich eine für mich deprimierende Erkenntnis heraus – ich war weiterhin nicht der Gewinnertyp, der Erfolgsmensch, sondern die arme Sau von nebenan. Nicht mal 10 € gewann ich und von der Million war ich noch weiter entfernt. Sogar sehr weit entfernt, wie ich wenig später erfuhr, denn das weihnachtliche Jahreslos ermöglichte als Hauptgewinn nur eine halbe Million.

Da dachte ich, sei mal nicht gierig, eine halbe Million ist auch okay. Da musste ich halt von der Liste der Anschaffungen, die ich zwischenzeitlich angelegt hatte, die Hälfte streichen. Die Liste musste ich wegen der Inflation ohnehin anpassen. Wenn das so weiter ging, konnte ich mir mit dem Hauptgewinn gerade mal einen Einkauf beim ALDI leisten oder sogar nur drei Schrippen beim Bäcker.

Als das Jahr um war, habe ich mir ein neues Jahreslos gekauft. Vermutlich war Fortuna einfach nur verpeilt und hatte den Jackpot für mich später geplant und da musste ich natürlich die Eintrittskarte ins Konsumentenparadies bereithalten.

Meine Partnerin hatte zwischenzeitlich mitgekriegt, dass das monatliche Schauen nach den Gewinnzahlen für mich zur Obsession geworden war und besorgte mir noch ein *Jahreslos der Fernsehlotterie*.

Da war ich nun, mit 54 Jahren. Als Künstler gescheitert, kein Millionenerbe erhalten, keinen vernünftigen Job erlernt, keinen Bestseller geschrieben und meine einzige Chance in meinem „Spiel des Lebens" ohne Mitspieler waren Jahreslose von der *Aktion Sorgen*... äh ... *Mensch* und der *Fernsehlotterie*.

Jetzt haben wir Mitte des Jahres und ich habe aufgehört, die Newsletter von beiden Lottogesellschaften zu lesen oder zum Stichtag auf der Website zu schauen, um die Gewinnerzahlen mit meinen zu vergleichen. Seit Monaten nicht der geringste Treffer.

Ich warte einfach drauf, dass eines Morgens das Telefon klingelt und Herr Kasulke von der Abteilung „Persönliche Gewinnbenachrichtigung" mich aus dem Schlaf reißt und meinen Traum erfüllt. Wenn das passiert, muss ich überlegen, ob ich den Gewinn publik mache. Experten raten ja davon ab, weil man dann viele neue Freunde hat, die irgendwelche irren Projekte haben, die man finanzieren soll. Etwa eine Kunstinstallation bei einer Wattwanderung oder die Förderung junger Weddinger Autoren. Die können mich mal.

Nee, wenn das Glück endlich zu mir kommt, gebe ich mich so bescheiden wie möglich (kennt man ja von vielen Gewinnern), trinke mit den Säufern im U-Bahnhof Seestraße eine Flasche Sterni, bevor ich mit dem Tesla ins KaDeWe fahre, um mir dort eine Salami für 350 € zu kaufen, die ich dann auf der Treppe zur Gedächtniskirche mit den Punks teile.

Meine Zahlen werden kommen und dann rollt endlich der Rubel … äh, Moment, das sagt man ja auch nicht mehr.

Ende

EBENFALLS ERSCHIENEN

Andrea Limmer: „Und die Reste ins Meer"
Ein Roadmovie aus der nahenden Zukunft

Edition Periplaneta, ca. 262 Seiten, ISBN: 978-3-95996-229-2

2026. In einem Starnberger Pflegeheim treffen der Pflegeroboter B666 G4731 und Insasse Karl aufeinander. Beide passen nicht recht in dieses Heim; der eine hat eine Fehlfunktion, weshalb er ein eigenes Bewusstsein entwickelt, der andere ist zu jung und gesund und nur wegen einer persönlichen Krise dort. Eines Nachts zwingt B666 G4731 Karl dazu, mit ihm gemeinsam zu fliehen. Die beiden machen sich auf zu einer Fahrt quer durch die Republik, von Bayern bis zur Ostsee …

Marcus Mötz: „Von einem, der sich auszog"

Edition MundWerk, ca. 222 Seiten, ISBN: 978-3-95996-207-0

Weil Fabian gefrustet ist, kommt er auf die Idee, ein Sexfilmchen von sich und Freundin Leni im Internet zu veröffentlichen. Allerdings, ohne vorher Leni davon zu erzählen. Als die Klickzahlen durch die Decke gehen und Leni davon Wind bekommt, sind seine besorgten und enttäuschten Eltern plötzlich nicht mehr Fabians größtes Problem. Eine satirische Komödie über Liebe, Vertrauen und Geltungsbedürfnisse in unserer Jeder-kann-ein-Star-sein-Gesellschaft.

www.periplaneta.com

INHALT